云南省高校科技创新团队支持计划资助

微观视角下农村居民

消费增长实证研究

高梦滔 毕岚岚 著

人民出版社

责任编辑:陈寒节

责任校对:湖　催

图书在版编目(CIP)数据

微观视角下农村居民消费增长实证研究／高梦滔,毕岚岚 著.
—北京:人民出版社,2011.9

ISBN 978－7－01－009866－1

Ⅰ.①微…　Ⅱ.①高…②毕…　Ⅲ.①农民－消费－研究
－中国　Ⅳ.①F126.1

中国版本图书馆 CIP 数据核字(2011)第 074984 号

微观视角下农村居民消费增长实证研究

WEIGUAN SHIJIAOXIA NONGCUN JÜMIN XIAOFEI ZENGZHANG SHIZHENG YANJIU

高梦滔　毕岚岚　著

人 民 出 版 社 出版发行

(100706　北京朝阳门内大街 166 号)

北京市文林印务有限公司印刷　新华书店经销

2011 年 9 月第 1 版　2011 年 9 月第 1 次印刷

开本:710 毫米×1000 毫米 1/16　印张:10.5

字数:153 千字　印数:0,001－2,200 册

ISBN 978－7－01－009866－1　定价:25.00 元

邮购地址:100706　北京朝阳门内大街 166 号

人民东方图书销售中心　电话:(010)65250042　65289539

《云南民族大学学术文库》
总 序

云南民族大学党委书记、教授、博导　甄朝党

云南民族大学校　　　长、教授、博导　张英杰

　　云南民族大学是一所培养包括汉族在内的各民族高级专门人才的综合性大学，是云南省省属重点大学，是国家民委和云南省人民政府共建的全国重点民族院校。学校始建于 1951 年 8 月，受到毛泽东、周恩来、邓小平、江泽民、胡锦涛等几代党和国家领导人的亲切关怀而创立和不断发展，被党和国家特别是云南省委、省政府以及全省各族人民寄予厚望。几代民族大学师生不负重托，励精图治，经过近 60 年的建设尤其是最近几年的创新发展，云南民族大学已经成为我国重要的民族高层次人才培养基地、民族问题研究基地、民族文化传承基地和国家对外开放与交流的重要窗口，在国家高等教育体系中占有重要地位，并享有较高的国际声誉。

　　云南民族大学是一所学科门类较为齐全、办学层次较为丰富、办学形式多样、师资力量雄厚、学校规模较大、特色鲜明、优势突出的综合性大学。目前拥有 1 个联合培养博士点，50 个一级、二级学科硕士学位点和专业硕士学位点，60 个本科专业，涵盖哲学、经济学、法学、教育学、文学、历史学、理学、工学和管理学 9 大学科门类。学校 1979 年开始招收培养研究生，2003年被教育部批准与中国人民大学联合招收培养社会学博士研究生，2009 年被确定为国家立项建设的新增博士学位授予单位。国家级、省部级特色专业、重点学科、重点实验室、研究基地，国家级和省部级科研项目立项数、获

奖数等衡量高校办学质量和水平的重要指标持续增长。民族学、社会学、经济学、管理学、民族语言文化、民族药资源化学、东南亚南亚语言文化等特色学科实力显著增强,在国内外的影响力不断扩大。学校科学合理的人才培养体系和科学研究体系得到较好形成和健全完善,特色得以不断彰显,优势得以不断突出,影响力得以不断扩大,地位与水平得以不断提升,学校改革、建设、发展不断取得重大突破,学科建设、师资队伍建设、校区建设、党的建设等工作不断取得标志性成就,通过人才培养、科学研究、服务社会、传承文明,为国家特别是西南边境民族地区发挥作用、做出贡献的力度越来越大。

云南民族大学高度重视科学研究,形成了深厚的学术积淀和优良的学术传统。长期以来,学校围绕经济社会发展和学科建设需要,大力开展科学研究,产出大量学术创新成果,提出一些原创性理论和观点,得到党委政府的肯定和学术界的好评。早在20世纪50年代,以著名民族学家马曜教授为代表的一批学者就从云南边疆民族地区实际出发,提出"直接过渡民族"理论,得到党和国家高层领导刘少奇、周恩来、李维汉等的充分肯定并采纳,直接转化为指导民族工作的方针政策,为顺利完成边疆民族地区社会主义改造、维护边疆民族地区团结稳定和持续发展发挥了重要作用,做出了突出贡献。汪宁生教授是我国解放后较早从事民族考古学研究并取得突出成就的专家,为民族考古学中国化做出重要贡献,他的研究成果被国内外学术界广泛引用。最近几年,我校专家主持完成的国家社会科学基金项目数量多,成果质量高,结项成果中有3项由全国哲学社会科学规划办公室刊发《成果要报》报送党和国家高层领导,发挥了资政作用。主要由我校专家完成的国家民委《民族问题五种丛书》云南部分、云南民族文化史丛书等都是民族研究中的基本文献,为解决民族问题和深化学术研究提供了有力支持。此外,还有不少论著成为我国现代学术中具有代表性的成果。

改革开放30多年来,我国迅速崛起,成为国际影响力越来越大的国家。国家的崛起为高等教育发展创造了机遇,也对高等教育提出了更高的要求。2009年,胡锦涛总书记考察云南,提出要把云南建成我国面向西南开放的重要桥头堡的指导思想。云南省委、省政府作出把云南建成绿色经济强省、民族文化强省和我国面向西南开放重要桥头堡的战略部署。作为负有特殊责任和使命的高校,云南民族大学将根据国家和区域发展战略,进一步强化人才培养、科学研究、社会服务和文化传承的功能,围绕把学校建成"国内一流、国际知名的高水平民族大学"的战略目标,进一步加大学科建设力度,培育和建设一批国内省内领先的学科;进一步加强人才队伍建设,全面提高教师队伍整体水平;进一步深化教育教学改革,提高教育国际化水平和人才培养质量;进一步抓好科技创新,提高学术水平和学术地位,把云南民族大学建设成为立足云南、面向全国、辐射东南亚南亚的高水平民族大学,为我国经济社会发展特别是云南边疆民族地区经济社会发展做出更大贡献。

学科建设是高等学校龙头性、核心性、基础性的建设工程,科学研究是高等学校的基本职能与重要任务。为更好地促进学校科学研究工作、加强学科建设、推进学术创新,学校党委和行政决定编辑出版《云南民族大学学术文库》。

这套文库将体现科学研究为经济社会发展服务的特点。经济社会需要是学术研究的动力,也是科研成果的价值得以实现的途径。当前,我国和我省处于快速发展时期,经济社会发展中有许多问题需要高校研究,提出解决思路和办法,供党委政府和社会各界参考和采择,为发展提供智力支持。我们必须增强科学研究的现实性、针对性,加强学术研究与经济社会发展的联系,才能充分发挥科学研究的社会作用,提高高校对经济社会发展的影响力和贡献度,并在这一过程中实现自己的价值,提升高校的学术地位和社会地位。云南民族大学过去有这方面的成功经验,我们相信,随着文库的陆续出版,学校致力于为边疆民族地区经济社会发展服务、促进民族团结进步、社会和谐稳定的优良传统将进一步得到弘扬,学校作为社会思想库与政府智库的作用将进一步得到巩固和增强。

这套文库将与我校学科建设紧密结合,体现学术积累和文化创造的特点,突出我校学科特色和优势,为进一步增强学科实力服务。我校2009年被确定为国家立项建设的新增博士学位授予单位,这是对我校办学实力和水平的肯定,也为学校发展提供了重要机遇,同时还对学校建设发展提出了更高要求。博士生教育是高校人才培养的最高层次,它要求有高水平的师资和高水平的科学研究能力和研究成果支持。学科建设是培养高层次人才的重要基础,我们将按照国家和云南省关于新增博士学位授予单位立项建设的要求,遵循"以学科建设为龙头,人才队伍建设为关键,以创新打造特色,以特色强化优势,以优势谋求发展"的思路,大力促进民族学、社会学、应用经济学、中国语言文学、公共管理学等博士授权与支撑学科的建设与发展,并将这些学科产出的优秀成果体现在这套学术文库中,并用这些重点与特色优势学科的建设发展更好地带动全校各类学科的建设与发展,努力使全校学科建设体现出战略规划、立体布局、突出重点、统筹兼顾、全面发展、产出成果的态势与格局,用高水平的学科促进高水平的大学建设。

这套文库将体现良好的学术品格和学术规范。科学研究的目的是探寻真理,创新知识,完善社会,促进人类进步。这就要求研究者必需有健全的主体精神和科学的研究方法。我们倡导实事求是的研究态度,文库作者要以为国家负责、为社会负责、为公众负责、为学术负责的高度责任感,严谨治学,追求真理,保证科研成果的精神品质。要谨守学术道德,加强学术自律,按照学术界公认的学术规范开展研究,撰写著作,提高学术质量,为学术研究的实质性进步做出不懈努力。只有这样,才能做出有思想深度、学术创见和社会影响的成果,也才能让科学研究真正发挥作用。

我们相信,在社会各界和专家学者们的关心支持及全校教学科研人员的共同努力下,《云南民族大学学术文库》一定能成为反映我校学科建设成果的重要平台和展示我校科学研究成果的精品库,一定能成为我校知识创新、文明创造、服务社会宝贵的精神财富。我们的文库建设肯定会存在一些问题或不足,恳请各位领导、各位专家和广大读者不吝批评指正,以帮助我们将文库编辑出版工作做得更好。

二〇〇九年国庆于春城昆明

报告摘要

　　本课题研究的主要内容是中国农户消费增长的微观原因,包括对农户消费行为与储蓄行为的持久收入假说及其拓展模型检验、人口学特征、健康风险和子女教育对消费和储蓄行为的影响。研究侧重于经济计量实证分析,但也对于当代西方消费理论的主流模型及其拓展加以了介绍和梳理。主要的研究时段是1987~2006年,利用的数据是农业部农村固定观察点8个省份经过整理的大型面板数据集(东中西部都有两个省份以上,1400多户,包含丰富的村庄、家庭和个人社会经济信息)。根据实证分析的结论,提出现阶段增加农村居民消费的有关政策建议。

　　经验研究的主要发现包括:

　　当前我国农户正处于消费提升的关键时期,由温饱阶段向追求消费质量阶段转变。拉动农户消费的关键项目主要应该集中在"住房"、"用品"、"旅游"、"交通通讯"、"衣着"这些方面;尤其是在建材、房屋用品等方面应该向农村供应质优价廉,有信誉的商品;加大农村基础设施建设,促进家用电器的消费与升级换代,降低农村的通讯费用,促进农户的通讯工具、网络计算机普及,加快城乡一体化进程。

　　整体上,中国农户消费行为能够很好的用 PIH/LCH 来刻画,但是流动性约束对消费也有重要影响;对于流动性约束组的农户来说,存在消费的过度敏感现象,而对于非流动约束组而言,则消费行为很好的遵循 PIH 假说;根据固定效应模型的估计结果,流动性约束平均使得农户消费增长率提高1%~2%;本文尝试使用动态面板数据进行了 IV 估计,结果表明,收入的内生性可能会使得标准的固定效应模型产生对流动性约束的影响产生高估。

中国农户无法通过现有的、非正式制度安排化解全部的收入风险,并且所有的收入组别都是如此;收入越低的人群在面对风险的时候越脆弱。低收入农户约有40%的收入波动传递到消费上,而最高收入农户仅有10%左右的收入波动没有被化解;低收入农户通过收入平滑与人口变动,总共提高的风险缓解水平在10%左右,而高收入人群的收入平滑手段不明显。

中国农户的储蓄行为受到流动性约束和预防性动机的显著影响,二者都显著的提高了农户的储蓄,降低了农户消费水平。对于低收入人群,流动性约束提高储蓄的效应更加明显;农户储蓄函数的估计结果一致拒绝了标准持久收入假说的确定性等价推论,拓展的持久收入假说更适合刻画中国农户储蓄行为。主要的拓展体现在,农户具有凸性的边际效用函数、预防性动机具有重要作用;流动性约束存在,农户不能完全跨时平滑消费两个方面。从而,本文的估计结果更接近拇指规则的农户储蓄理论预期。

中国农户的储蓄行为符合理性预期假说,农户的储蓄是计算未来收入的一个较好预测变量;农户储蓄和农户未来的收入变化呈现显著的负向联系,平均来说,储蓄变化100元昭示未来一年的收入反向变化10元左右;受到流动性约束越强的农户储蓄对收入变化的预期作用更加明显,流动性越强的资产变化对于未来收入变动的预期作用也更加明显。通常的收入消费差定义的储蓄受到测量误差的影响最为明显,不太适合直接用于预测收入变化。

农户的消费行为和严格的PIH/LCH假说并不吻合,收入变化和财富对于消费变化具有显著的影响;但农户消费行为也显示出部分部分生命周期消费平滑的特征;家庭规模对于农户的消费增长率具有显著的负面影响,家庭小型化有利于提高农户的消费增长率;家庭成员平均年龄或户主年龄的变化对于农户消费增长率并无显著影响,家庭女性成员比例的增加对于农户消费增长具有轻微的负向影响。

有在校子女的农户人均消费支出比没有在校子女的农户平均要低10%左右,并且在校子女越多,农户人均消费的下降的幅度越大;2.非义务教育阶段子女教育对农户的负担明显加重,有子女上大学的农户,比其他有在校子女但未在大学的农户人均消费水平还要低14%左右;3.越是贫困的组别,子女教育对于农户消费的影响越是强烈,在收入五等分组的最低组别,1个在校子女使得其人均消费降低15%左右,而在最为富裕的两个组别则对农户消费没有显著影响。

在不同的储蓄测度下,参加新农合对于农户储蓄都有显著的挤出效应。根据流动性最强的储蓄定义(现金加上银行存款),这种挤出效应大约在12%～15%左右;每个农户平均的储蓄减少金额大约为552元。在不同的模型设定条件下,结果较为稳健。

本报告的研究经验研究结果的政策含义总结主要集中于两个方面:第一,从长期来看,农村消费政策的取向问题;第二,对短期而言,对于当前拉动内需措施的一些思考。具体包括:

正确的制定农户消费政策,不能仅仅仰仗汇总数据的研究结果。通过本报告对理论框架的梳理和经验研究结论,发现基于汇总数据的农户消费研究成果不仅存在理论上的脆弱性,并且往往在建立模型的时候施加了很多不恰当的约束条件,基于这样的基础得出的结论与政策建议是值得商榷的。本文的经验研究结果也表明,汇总数据产生的"生态谬误"问题,不仅在理论上站不住脚,而且微观基础的经验结论也差别很大。因此,长期来看,对于中国农村消费的政策需要的研究基础应该是严肃的、基于微观数据的经验研究成果为主。

长久的增加消费的措施应该同时考虑提高收入预期与减少收入的不确定性。从持久收入的观点来看当前拉动内需采取的一些措施,例如发放消费券、家电下乡等意义不大,短期内的效果很可能仅仅是跨时替代的作用。长期而言,并不见得能够有效地启动农户消费。长期来看,拉动内需的措施,不仅仅应该包括基础设施建设、增加就业机会;农村的社会保障制度建设也应该是一项重点工作。长久的增加消费的措施应该同时考虑提高收入预期与减少收入的不确定性。并且,对于未来不确定性提供有效的保险机制,不仅仅具有效率意义,而且也是公平的体现,因为贫困农户受到的流动性约束最强,资产相对又最少。逐步消除城乡二元结构,改善教育与医疗卫生服务的可及性,也是科学发展观的具体体现。

目　录

图目录

表目录

第1章 引言:从微观视角理解农户消费

　　中国农村居民消费增长缓慢的现象,自从 20 世纪 90 年代便已经凸显。农民占城市居民的人均消费的比例逐渐降低(从 1985 年的 47.2% 下降到 2004 年的 27.7%,参见图 1-1),城乡消费差距越来越大。按照可比价格计算,从 1985～2004 年的 20 年间,农民人均消费年平均增长 3.1%(居民为6.0%),农民人均收入年增长率为 4.1%(居民为 7.0%)。农民收入和消费增长都低于城市居民,但是,和收入增长相比,农民消费增长尤其显得滞后。从图 1-1 也可以看出,农民人均消费增长波动很小,即便在 90 年代初期通货膨胀率很高的时期也是如此。

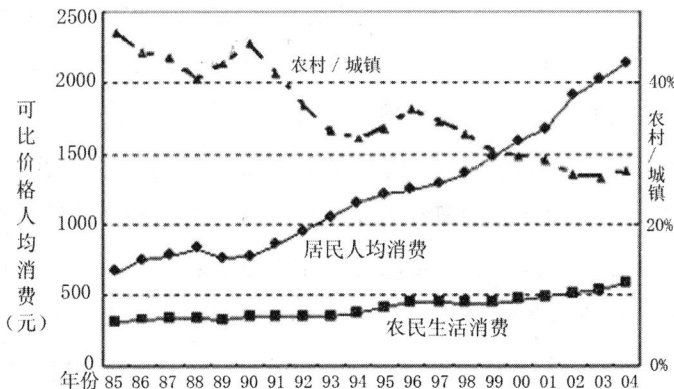

注:资料来源:根据中国农业部,2007,"中国农村统计资料",中国农业信息网,网址:http://www.agri.gov.cn/sjzl/,计算而来。

图 1-1　城市、农村人均消费时序变化

(可比价格计算,1985＝100)

因此,解决当前中国居民消费增长缓慢的重点,首先是提高农村居民的消费水平,缩小城乡差距。

1.1 本课题国内外研究现状述评

现代经济学对于消费的关注,早期肇始于 Keynes 的理论,因为消费直接构成了 GDP 的重要组成部分,并且一直以来就是宏观经济学研究的热点问题。二十世纪八十年代以前的研究,主要的理论基础是 Friedman(1957)和 Dusenberry(1949)的"持久收入假说"和 Modigliani(1988)的"生命周期模型";以此展开的大量实证研究也是以宏观的数据分析为主,集中于收入和消费波动及其相互影响,例如 Davidson and Hendry(1981),Davidson et al (1978)的研究,一个较好的总结可以参见 Deaton(1992)。

国内学者对于居民消费的研究,偏重于使用宏观数据的时间序列建模(孙凤,2002;贺菊煌,2000;龙志和、周浩明,2000),并且对于城市居民消费的关注远远高于对农户的关注。从朱春燕、臧旭恒(2001)对西方跨期选择的消费理论的介绍开始,国内学者尝试利用微观机制的模型对消费进行研究,有代表性的一个成果是施建淮、朱信婷(2004)利用城市层面的数据对于居民储蓄和消费的预防性动机所进行的研究,他们的研究发现,城市居民储蓄行为中确实存在预防性动机,但是不如通常预期的强烈。孟昕、黄少卿(2001)利用城市家庭数据的研究对永久性收入假说和预防性储蓄动机进行了检验。结果发现中国的城市家庭具有非常强烈的预防性储蓄动机。不但过去收入的不确定性增加了家庭的储蓄倾向,而且预期的下岗可能使没有失业成员的家庭也将对储蓄产生强烈影响。可能是由于数据可得性的原因,上述国内的研究大多是以总量数据(Aggregate data)为基础,或者侧重点集中于城市居民。而对于农村居民消费行为的研究较为缺乏。

从 Hall and Mishkin(1982)的经典论文开始,西方经济学界对于消费的研究,开始转向利用微观数据对消费行为进行理解。主要原因在于两个方面:第一,在理论上,Deaton(1992)指出了宏观经济计量学采用的"代表性消费者"概念存在很严重的问题，主要包括：1. 代表性消费者知道太多。消费者信息完全与同质的假定在现实中不能成立；2. 代表性消费者具有无限生命；3. 在加总数据的过程中需要很多不切实际的假定。基于这些原因，被宏观经验证据否定的微观消费理论根本无法证明 PIH/LCH 假说不成立。进而，真正的理解消费必须从和理论基础相匹配的微观数据入手。第二，在实证中，对于 Hall(1978)给出的基础消费差分方程在给定截面协方差存在的条件下，总量层次的平均数据不能满足扰动项的鞅差分特性，会对参数估计产生严重的偏误和非一致。基于这些原因，主流经济学对于消费的研究，从 1990 年代开始，进入强调微观计量的时代，并且获得了很多和总量研究不一致的结果(Hayashi,1982；Paxson,1992；Zeldes,1989)，尤其是利用面板数据对于跨期选择的分析。

综上所述，中国目前居民消费缓慢的原因，主要是农村居民消费增加缓慢；并且已有的研究缺乏对于农户微观消费行为的实证分析结果，难以清晰的揭示农民消费行为的真正生命周期特征，例如人口学特征、流动性约束和预防性动机等。特别是健康风险冲击和教育的预防性储蓄对消费的影响缺乏经验证据。因此本研究主要集中于利用微观长面板数据建模，对农户消费行为进行分析，为农民消费增长缓慢的现象提供理论和实证方面的解释，并根据经验证据给出相应的政策建议。

1.2　研究的主要内容、基本思路和方法

本课题研究的主要内容是中国农户消费增长的微观原因，包括对农户消费行为与储蓄行为的持久收入假说及其拓展模型检验、人口学特征、健康风险和子女教育对消费和储蓄行为的影响。研究侧重于经济计量实证分析。主要的研究时段是 1987~2006 年，利用的数据是农业部农村固定观察点 8 个省份经过整理的大型面板数据集(东中西部都有两个省份以上，1400 多户，包含丰富的村庄、家庭和个人社会经济信息)。根据实证分析的结论，提出现阶段增加农村居民消费的有关政策建议。

　　研究定位于应用性研究,主要研究思路分为理论框架和计量操作两个部分:

　　第一,理论框架。主要从 Hall 的两篇经典文献出发(Hall,1978;Hall and Mishkin,1982)。考虑一个期望跨期效用函数的约束条件最大化问题,求解获得 Euler 方程的一阶条件:

$$E_t u'(c_{t+1}) = \gamma u'(c_t) \tag{1.1}$$

　　式(1.1)中 $u'(\cdot)$ 为消费的边际效用,$\gamma = (1+\delta)/(1+r)$($\delta$ 为偏好率,r 为实际利率),表示为计量模型形式:

$$u'(c_{t+1}) = \gamma u'(c_t) + \varepsilon_{t+1} \tag{1.2}$$

　　Hall 证明了边际效用的随机过程式一种鞅过程,因此与预测的所有新息(Innovation)都不相关,不太严格地说,式满足一个随机游走过程。更一般的,Hall and Mishkin(1982)将暂时收入和持久收入综合考虑用以检验持久收入的假说和消费过度平滑的检验,用以分析健康风险冲击对收入和消费的影响。其中本研究考虑的两个重要的推论如下:

$$c_i/c_t = \frac{-u'(c_t)}{c_t \cdot u''(c_t)}(r-\delta) \tag{1.3}$$

$$u'(c_{t+1},z_t) = \gamma u_t'(c_t,z_t) + \varepsilon_{t+1} \tag{1.4}$$

　　式(1.3)表示消费增长率的边际效应是 Arrow-Pratt 相对风险系数的倒数,这正当前预防性储蓄与消费影响的可操作化定义。在式(1.4)中加入短期稳定的人口学特征,可以利用一阶条件分析人口学特征对于消费的比较静态影响。至少从生命周期模型出发,中国农村家庭小型化和负担系数持续下降对于消费的影响是实际可定量的因素。

　　第二,计量模型。根据式(1.2)的鞅差分扰动,可以得出正交性条件,利用 GMM 方法估计参数给出下式:

$$E_t Z_t' [u'(c_{t+1}) - \gamma u'(c_t)] = 0 \tag{1.5}$$

　　考虑二次效用函数(意味着线性消费函数),可以将消费表示为滞后因变量的 AR1 计量模型,利用式(1.5),可以非常容易地计算理论矩和样本矩。

研究难点主要在于:1.基于跨期选择行为消费研究,理想的数据是较长的农户微观面板数据,在中国非常少。课题组现在可以在付费前提下使用农业部农村固定观察点一个 20 年,1 千多户 8 省数据,包含研究需要的全部人口学、收入支出和村庄方面的详尽变量,这个数据集已经在实证研究中得到应用;2.估计方面的工具变量的过度识别问题。根据消费惯性理论(Dusenberry,1949),收入也应该包含在解释变量向量中。本研究考虑使用基于动态面板数据的 GMM 方法和扩展的 GMM 方法(Arellano and Bover,1995)利用恰当的滞后差分和高阶滞后水平外生与前定变量作为工具变量,通过 Hansen 检验,可以有效识别冗余的矩条件。

$$c_{it} = \beta_0 + \beta_1 c_{it-1} + \beta_2 y_{it} + \beta_3 x_{it} + \beta_4 z_{it} + \mu \tag{1.6}$$

本研究的主要创新是利用中国农村较长时段的微观面板数据(付费使用),研究影响农户消费增长的微观机制,尤其是基于强的理论基础和计量方法。集中分析农户消费的微观影响机制,据此得出的实证证据将是国内已有研究所缺乏的。相应的政策含义将是建立在严格事实根据上、有效提高农民消费水平的针对性建议。

从基本概念来看,农户的收入可以分为消费与储蓄两个部分,因此对于储蓄的研究是消费理论的重要组成部分,可以视为"镜子的两面",因此,本文的农户消费研究也包含了很大的篇幅关注于储蓄问题。

本研究的主要观点是,基于微观经济学原理,但是用汇总数据得出的实证结论在一定程度上是值得商榷的,至少单个农户面临的决策的环境差异是如此的大,不能被忽视。因此对于消费增长缓慢的研究首先应该关注农村,尤其是要关注微观层面的经验证据。

1.3 全文结构说明

从目前的研究现状来看,以微观视角研究农户消费和储蓄行为无论在理论上,还是实证研究方面,国内成果都非常少。因此,对于理论框架的介绍与梳理是本课题的第一个目标;利用中国的数据检验农户消费的跨时平滑行为,验证西方现代消费理论模型是否适用于中国农户,这是本课题的第二个目标;如果第二个目标可以被验证,则利用这个理论框架对目前的人口学特征、子女教育与健康风险三个方面对农户消费与储蓄行为的影响进行分析,回答这些影响对于当前农村消费政策的现实意义,这是本课题的第三个主要目标;对于研究结论加以提炼并且给出相关的政策含义,这是本课题的第四个目标。

根据课题的这些研究目标,本文下面的论述分为 10 章,共四个主要部分。

第一部分包括第 2 章~第 3 章,主要介绍本文研究的基本理论框架、数据概况、农户消费基本结构。第 2 章着重于详细介绍研究的理论框架和数据结构,第 3 章详细在静态的框架下详细说明农户消费结构变化情况,包括静态消费函数的若干关键参数比较;

第二部分包括第 4 章~第 7 章,这一部分主要是检验农户的消费行为与储蓄行为与持久收入假说及其拓展模型的契合情况,讨论目前西方主流的消费研究微观分析框架是否适合于解释中国农户的消费行为与储蓄行为,从这一部分开始进入消费的动态分析。第 4 章主要检验中国农户消费增长与流动性约束模型之间的关系,探讨流动性约束对于中国农户消费的影响,是农户在时间上平滑消费行为的分析。第 5 章研究村庄层面的农户消费保险行为,是农户在空间上平滑消费行为的分析。第 6 章通过非参数方法直接对持久收入建模,检验持久收入假说的一个重要推论——农户储蓄等于暂时性收入;第 7 章关注农户收入的不确定性问题,在数值解的理论基础上,实证检验了收入波动与农户预防性储蓄之间的联系。这 4 章主要是对于理论与中国农户实际的消费、储蓄行为的理解,主要利用的是 1995－2002 年的数据库,考虑的主要是利用这个面板数据跨度较长的优点,并不太集中于当前的政策含义。

第三部分包括第 8 章~第 10 章,这个部分主要关注目前影响中国农户消费的三个问题。第 8 章分析当前农村家庭人口学特征变化对于农户消费的影响；第 9 章分析子女教育对于农户消费的长期影响；第 10 章以新型农村合作医疗为切入点，分析健康风险管理对于农户储蓄的影响，直接中国农户检验预防性储蓄的强度。

　　第四部分仅包括第 11 章，这一章是对全文结论的总结提炼与梳理。虽然各章根据经验研究的结果分别进行了小结，但是理解农户消费及其政策含义在全文意义上的总结将集中于此。

第 2 章 理论框架与数据基本情况

本章分为两个主要部分:2.1 节详细说明本文依托的理论框架。这个理论框架是后续各章的基础,以后各章有的也包含理论部分,但仅仅是在本节的基础上,对于这个理论框架某些方面的参数化工作(例如设定具体的函数形式或者推论的说明),以满足建立计量模型的需要;2.2 节是对于本文使用的数据及其来源进行总括的说明,以后各章则是根据需要来对数据的一些具体方面加以描述。

2.1 理论框架

本文对于农户跨时消费行为的研究的框架主要来自于 Hall(1978)和 Zeldes(1989a)的工作,Hall 的论文给出了跨时消费选择的最优路径以及清晰的可检验特征,但是 Hall 模型为了分析的方便,施加了太多约束。Zeldes(1989a)的工作系统地拓展了 Hall 的经典模型,并且具有明确的计量含义。他的模型优点主要体现在两个方面:第一,不需要消费路径的完整解析解就能够通过 Lagrange 乘子来刻画流动性约束(Liquidity Constraint)对于消费路径的影响,并且利用更为一般的 Euler 方程进行处理,没有简单的设定消费路径为一个鞅过程(Martingale)。从这个方面来说 Zeldes(1989a)的理论框架比 Hall 的模型更加一般化;第二,计量含义非常清晰。Zeldes(1989a)的模型不仅可以检验标准的 Hall 消费鞅过程正交条件是否成立,而且可以计算流动性约束对消费路径的影响程度。基于 Zeldes 模型的这些优点,本文的理论框架主要取自于他的工作。

假定一个家庭跨时效用函数加性可分,每个家庭 i 在每一个时期 t 都选择消费 C_{it} 和投资组合 w_{it}^j 以最大化期望效用函数,服从资产 A_{it} 演进的约束条件和边界条件,表示为式:

$$\max E_t \sum_{k=0}^{T-t} \left(\frac{1}{1+\delta_i} \right)^k U(C_{i,t+k}; \theta_{i,t+k})$$

$$\text{Subject to} \begin{cases} A_{i,t+k} = (A_{i,t+k-1}) \times \left[\sum_{j=1}^{M} w_{i,t+k-1}^j (1+r_{i,t+k-1}^j) \right] + Y_{i,t+k} \\ \quad\quad - C_{i,t+k}, k=0,\cdots,T-t \\ A_i, T \geq 0; C_{i,t+k} \geq 0, K=0,\cdots,T-t \end{cases} \quad (2.1)$$

在式(2.1)中,下标 t 和 i 分别表示时期和家庭。$U(\cdot)$ 表示一期效用函数,C_{it} 为时期 t 的家庭净消费,θ_{it} 为时期 t 的 i 家庭偏好特征向量,δ_i 为家庭 i 的时间偏好率,$\left(\frac{1}{1+\delta_i} \right)$ 为折现因子,E 为期望算子,A_{it} 表示时期 t 末的非人力资本资产存量,r_{it}^j 表示第 j 类资产在时期 t 和时期 $t+1$ 之间的回报率(税后),M 为资产组合数目,w_{it}^j 为 j 类资产在时期 t 末的持有数量,Y_{it} 为时期 t 的家庭 i 的劳动收入,T 为终结时点。

以资产组合 w_{it}^j 为条件,式(2.1)给出了消费理论;以消费决策为条件,式(2.1)给出了消费者的资产价格理论;本文着重于消费,因此视资产组合 w_{it}^j 为给定条件。

标准的求解式可以利用 Bellman 方程递归处理,刻画整个消费路径,但是解析解一般非常难以获得(Carroll,2001;Zeldes,1989b),因此,对式(2.1)直接求 Bellman 方程的两期问题,讨论一阶条件式(2.2):

$$U'(C_{it}; \theta_{it}) = E_t \frac{U'(C_{i,t+1}; \theta_{i,t+1})(1+r_{it}^j)}{1+\delta_i}$$

$$(i=1,\cdots,N, t=1,\cdots,T-1, j=1,\cdots,M) \quad (2.2)$$

式(2.2)就是标准的跨期选择一阶最优条件 Euler 方程,如果消费者遵循理性预期,则式(2.2)可以改写为式(2.3):

$$\frac{U'(C_{i,t+1}; \theta_{i,t+1})(1+r_{it}^j)}{U'(C_{it}; \theta_{it})(1+\delta_i)} = 1 + e_{i,t+1}^j$$

$$(i=1,\cdots,N,t=1,\cdots,T-1,j=1,\cdots,M) \quad (2.3)$$

在式(2.3)中，$e_{i,t+1}^{j}$ 为期望误差项。根据理性预期假说，$e_{i,t+1}^{j}$ 和 t 期已知的信息向量正交[①]。对所有的 i,t,j，式(2.3)成立的条件是消费者能够无风险的进行借贷平滑消费，从而在一生中，消费路径没有必要跟随收入路径，即收入并未出现在式(2.3)中。

如果消费者没有办法在需要的时候借贷，则消费者水平就会受到当期资产的限制，即需要满足约束条件式(2.4)：

$$A_{i,t+k} \geqslant 0 \qquad\qquad\qquad\qquad (2.4)$$

因此对于式(2.1)的求解必须采用约束条件的 Bellman 方程，设 λ 为约束条件式(2.4)的 Lagrange 乘子，则式(2.3)转换为约束最优的 KT 一阶条件式(2.5)：

$$\frac{U'(C_{i,t+1};\theta_{i,t+1})(1+r_{it}^{j})}{U'(C_{it};\theta_{it})(1+\delta_i)}(1+\lambda_{it})=1+e_{i,t+1}'$$

$$(i=1,\cdots,N,t=1,\cdots,T-1,j=1,\cdots,M) \qquad (2.5)$$

在式(2.5)中，$e_{i,t+1}'$ 表示 $(1+\lambda_{it})$ 乘以回报率和资产替代率的期望误差向量。具体的推导过程参见 Zeldes(1989a)的脚注 9。从本质上说，施加流动性约束的后果就是使得在某些 t 上，无约束条件的 Euler 方程式(2.2)不能成立，给定 $C_t \leqslant A_t + Y_t$，适当简化表达式，Euler 方程式(2.2)拓展为式(2.6)：

$$U'(C_{it};\theta_{it})=\max\left[V'(A_t+Y_t),\frac{(1+r_{it})}{(1+\delta_i)}E_tU'(C_{i,t+1};\theta_{i,t+1})\right] \qquad (2.6)$$

式(2.6)中，$V'(A_t+Y_t)$ 表示货币的边际效用，$V'(\cdot)$ 和消费的边际效用 $U'(\cdot)$ 可以互换(Deaton,1992)。从式(2.6)可以清晰的看出，约束条件

---

① 如果对于式(2.3)施加二次效用函数和确定性等价条件，则式(2.3)退化为 Hall(1978)的一阶条件 $C_{i,t+1}=C_{it}+e_{i,t+1}$，也就是消费遵循随机游走过程(更为恰当的表述是"消费遵循鞅过程"，二者有细微差别，但在文献中，通常不加区分的换用这两种表述)，消费随机游走仅仅是式(2.3)的一个特例。

非紧(Unbinding)的时候,Euler 方程成立,而当 $V'(A_t+Y_t)>\dfrac{(1+r_{it}^i)}{(1+\delta_i)}E_tU'$ $(C_{i,t+1};\theta_{i,t+1})$,则 Euler 方程在该 t 上不成立,如果在所有的 t 上,约束条件都非紧,则式(2.6)退化为式(2.2)的标准 Euler 方程。Deaton(1992)对式(2.6)的数值模拟求解证明了:PIH/LCH 仅仅是 $V'(A_t+Y_t)<\dfrac{(1+r_{it}^i)}{(1+\delta_i)}$ $E_tU'(C_{i,t+1};\theta_{i,t+1})$ 在整个生命周期上都能够成立的一个特例。根据包络定理,流动性约束条件对于消费路径的影响体现在 Lagrange 乘子 λ_{it} 上,因此,对于流动性约束施加于消费路径的影响可以通过对 λ_{it} 的测度加以估算,而不必求出消费路径的解析解。值得注意的一点是:标准 Keynes 消费函数 C_t $=C+cY_t$ 在当期约束条件为紧的特例 $C_t=Y_t$(假设消费者存活于一期,没有财产)与式(2.6)暗含的假设并不一致,Keynes 消费函数包含了对于借贷和储蓄的双重限制,式(2.6)则仅仅限制借贷,并未假设消费者不能够使用储蓄来平滑消费。

　　这里的理论框架介绍是基本出发点,各章的研究具体的模型设定分别在各章有关部分介绍,为了叙述的连贯性,可能有些部分稍有重复,恳请读者原谅。

2.2　数据说明

　　本章使用的 RCRE 数据由两个部分组成,1995～2002 年的数据为包含有 1420 个农户的面板数据,来自中国八省,涵盖了东中西部,具体的样本结构参见图 2-1。2003～2006 年的数据为包含 2440 户的面板数据,来自同样的八个省份,具体的样本结构参见图 2-2。农业部农村固定观察点自 2003 年起,对样本户和调查问卷指标都进行了大的调整,因此,我们没有对两个面板数据进行对接使用,而是分别进行估计与比较。

　　两个数据库都提供了详细的农户收入与消费指标,比之 1995～2002 年库,2003～2006 年库在消费项目上增加了两个细目,分别是"旅游"与"交通

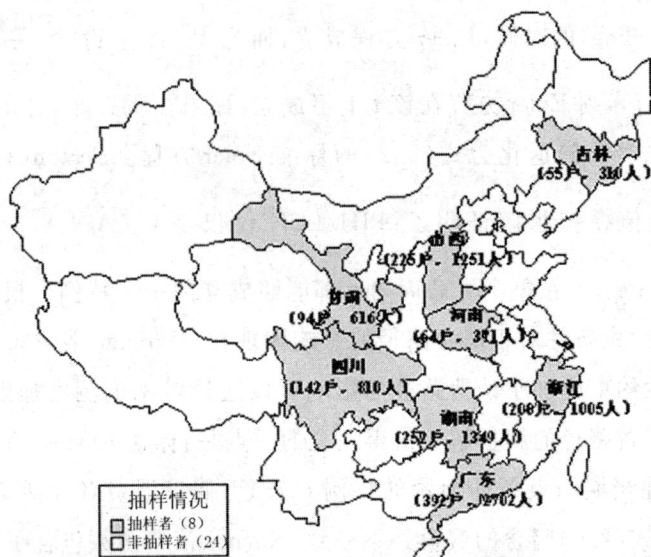

图 2-1　RCRE面板数据结构(1995~2002 年)

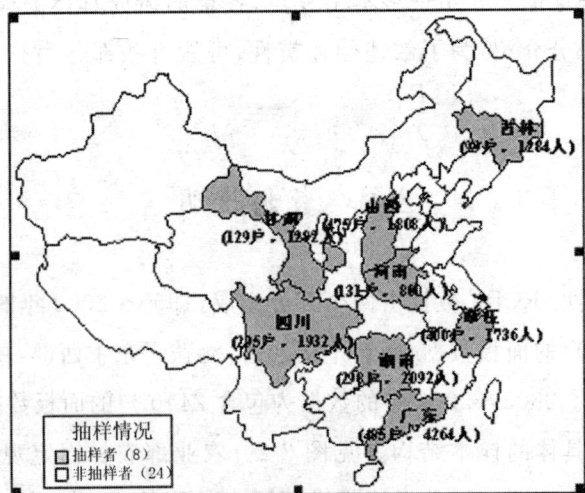

图 2-2　RCRE面板数据结构(2003~2006 年)

通讯"。但消费和收入的计算口径不变,具有可比性①。在正式分析以前,按照相应年份的农村 CPI,将价格都进行了相应的平减处理(2001=100)。

因为农业部固定观察点已有的数据包含丰富的家庭人口经济变量,但是没有包含个人信息,所以北京大学中国经济研究中心与农业部合作,对于样本农户家庭成员 1987~2002 年期间的个人情况进行回溯调查。回溯调查获得的个人数据与农业部固定观察点已有的家庭数据进行合并,形成本文研究最终使用的微观面板数据集。

————————————————

① RCRE 问卷对这些消费项目的计算和解释如下:生活消费支出指农民家庭当年用于物质生活和精神生活方面的实际支出。包括生活消费品支出和文化、生活服务支出两部分。由亲友赠送的生活消费品,凡已计入其它非借贷性收入的,均应计入生活消费支出;否则,不应计入。赠送亲友的生活消费品,凡已计入其它非借贷性支出的,不应计入生活消费支出;否则,应计入。生活消费支出中,包括购置生活用固定资产支出,如建房、购置耐用品等。1.食品:包括主食、副食、其他食品和在外饮食支出。主食支出是指各种粮食、豆类和粮食复制品(如挂面、年糕等)的消费量折价和粮食加工费支出。副食支出包括蔬菜、猪肉、牛羊肉、家禽、禽蛋、鱼虾、食油、盐糖、各种调料等消费品支出。其它食品支出包括鲜干果、糖果、糕点、牛奶、奶制品、罐头,以及烟、酒、茶等消费品支出。在外饮食支出指在饭馆、小吃店、小卖部、茶馆、饮食摊内吃饭、喝酒、喝茶、吃冷饮时消费的各种食品支出。2.衣着:包括棉花、丝棉、化纤棉、驼毛、棉布、各种化纤布、绸缎、呢绒、各类成衣、棉、毛、丝、麻纺织品、床上棉、毛、丝、麻用品、床单、棉毯、线绨、软缎被面等,背心、汗衫、棉毛衫裤、袜子等针织品、毛线、毛线织品、各种鞋、帽等消费品,请人做衣和补衣的加工费,也包括在内。3.住房:包括房租、电费、房屋维修费用、新建房屋开支和当年为新建、维修住房而购买的各种建筑材料(如砖、瓦、木料、水泥)等支出,但不包括上年购买建筑材料支出。自产的建筑材料,如果没有计算收入,这里也不计住房支出。4.燃料:包括做饭、烧水和取暖用煤、木炭、柴、草等生活燃料支出。煮饲料用的燃料,以及办饮食、服务业的燃料,已包括在"家庭经营费用"中,这不应包括在内。5.用品:包括日用品、文化娱乐用品、书报杂志、医药卫生用品。日用品包括一般日用品(如化妆品、金银珠宝饰品、室内装饰品、日用小五金、日用百货等)、家具(如桌、椅、床、箱、柜等)、日用机电消费品(如自行车、缝纫机、钟表、电风扇、洗衣机等)、日用杂品(如炉子、烟筒、碗筷、扫帚等),日用品的修理费也包括在内。文化娱乐用品的修理费也包括在内。书报杂志包括各种书籍、报纸、杂志等支出。医药卫生用品包括各种中药、西药、药棉(纱布)、简单的医疗器械(如体温表、注射器)等支出。用品中耐用品是指各类用品中那些单位价值在 50 元以上,使用年限在两年以上的用品,如家具、日用机电消费品、文娱用机电消费品等。6.保险支出农户家庭年内参加各类保险的支出。7.生活服务支出包括保育费(不包括伙食费)、医疗费、邮电费、洗澡费、理发费、照相费等支出。医疗费反映农民家庭成员看病或住医院所支付的挂号费、手术费和住院的床位费等,医药费列入用品项内,不列在此。邮电费指购买邮票、包裹寄资、汇款费费等支出。8.文化服务支出 包括学杂费、技术培训费、文娱费等。学杂费指农民家庭成员上学读书所交的学费和杂费。购买书籍、文具、用具等支出,列入用品项,不列在此。文娱费指家庭成员购买电影票、戏剧票等支出,购买文化娱乐用品支出列入用品项内,不列在此。9.旅游支出 指农民家庭成员外出旅游的支出,包括交通、住宿、公园门票等的支出。10.交通通讯支出 交通指农民家庭成员外出乘汽车、火车、飞机等的支出和电话费、电报费等支出。外出旅游所发生的交通支出不包括在内。11.其他支出 指上述所列各项支出以外的其它支出。

本文利用这个数据的主要优势在于两个方面：第一，数据依靠严格的农户记账程序采集，数据测量误差较小，特别是收入、消费等数据比起单独组织的调查，可靠性要高很多；第二，对储蓄理论的检验，一般需要微观面板数据，而 RCRE 数据正是具有良好代表性的农户微观面板数据集。

以下各章不再重复数据结构的基本情况说明，但是根据研究内容，对于数据的某些方面还加以了说明。

第3章 中国农户消费结构变化：1995—2006

2008年的中央经济工作会议强调了对国内消费的关注，明确提出：把扩大内需作为保增长的根本途径。保增长的关键是要解决市场需求不足的问题。利用这次国际经济结构调整的时机，加快形成主要依靠内需，特别是消费需求拉动经济增长的格局。并且提到在经济发展遇到困难的时候，一定要更加重视农业、农村、农民工作。只有坚持不懈夯实农业基础，千方百计增加农民收入，才能保障农产品有效供给，启动潜力巨大的农村市场[①]。

要实现促进农村市场消费的目标，一个重要的前提是认清农户消费结构的变化以及相应的需求信息，包括不同商品的收入弹性、价格弹性等。国内已有的大量研究也关注了中国农户的消费结构（黄毓哲，2006；李东升，2003；连建辉，2000；秦海林，2006；张焕明，2002；朱信凯、雷海章，2000），这些研究对认识中国农户消费结构提供了一定的基础。

但是，这些研究基本上都是采用宏观数据（年鉴数据和农业部汇总数据）来进行的，Deaton(1992)的研究指出宏观数据采用的"代表性消费者"概念存在很严重的问题，主要包括：1.代表性消费者知道太多。消费者信息完全与同质的假定在现实中不能成立；2.代表性消费者具有无限生命；3.在加总数据的过程中需要很多不切实际的假定。而这些研究中采用的若干需求函数在本质上是建立于微观基础的消费者行为理论导出的需求函数，一定程度上宏观计量和理论基础是脱节的；进而真正的理解消费必须从和理论

---

① 新华网北京12月10日电 人民日报12月11日社论："保增长扩内需调结构，推动又好又快发展"；网址：http://finance.sina.com.cn/review/20081210/21545618747.shtml，2008年12月25日下载于云南昆明。

基础相匹配的微观数据入手。

　　需求函数的估计,西方学者大致提供的框架有两种,一种是包含价格信息的方法(Banks and Blundell,1997;Barten,1969;Deaton and Muellbauer,1980);另一种则是没有价格信息条件下的需求函数估计方法(Lluch and Williams,1975;Stone,1954)。

　　鉴于已有研究的不足,本章利用来自农业部农村固定观察点的农户微观面板数据(以下简称"RCRE"数据),分析中国农户 1995~2006 年间农户消费结构的变化。因为数据提供的是总括的消费项目结构,缺乏具体的价格信息,因此本章的需求函数测算采用不需要价格信息的扩展线性支出系统进行估计。

　　本章下面的论述分为三个部分展开,第 1 部分为农户消费结构描述;第1 部分为需求函数建模与估计结果;第 3 部分是结论与评述。

3.1　农户消费结构描述

　　首先对于样本农户的家庭消费总额进行分省的比较,结果列示在表 3-1。农户消费的时序变化显示出,无论哪个省份,八个省农户平均消费总额都随时间呈现出增加的总体趋势,在 1995~2006 这 12 年间,几乎增加了近50%。

表 3-1　农户消费总额时序变化比较

年份	指标	山西	吉林	浙江	河南	湖南	广东	四川	甘肃
1995	均值	4126.8	4101.8	26645.5	4333.0	6107.3	20007.6	5170.0	5679.4
	(标准误)	(311.5)	(330.0)	(3893.4)	(526.9)	(372.2)	(1713.4)	(221.7)	(340.4)
1996	均值	4947.6	4444.7	31057.2	4193.5	6508.7	19951.1	7094.2	5364.9
	(标准误)	(344.1)	(408.6)	(6185.2)	(454.7)	(438.8)	(1533.8)	(914.4)	(299.8)
1997	均值	6329.5	3190.8	27192.2	5132.0	6098.4	17421.8	6688.5	5080.6
	(标准误)	(632.1)	(376.5)	(4239.6)	(630.9)	(373.7)	(848.0)	(644.2)	(276.1)
1998	均值	5731.0	3449.8	24019.4	4485.1	7546.7	19598.2	5473.3	4847.1

	(标准误)	(573.1)	(498.0)	(2662.4)	(504.5)	(693.4)	(2281.5)	(231.9)	(361.0)
1999	均值	4436.2	3136.5	25285.7	4883.3	6089.2	17689.9	5467.6	5188.2
	(标准误)	(290.1)	(415.2)	(4150.9)	(529.5)	(494.9)	(1425.9)	(286.3)	(395.3)
2000	均值	4124.7	4064.4	23705.7	5197.1	6814.3	21405.7	4838.2	5234.6
	(标准误)	(264.4)	(420.0)	(4131.5)	(537.4)	(555.2)	(1843.6)	(217.4)	(361.9)
2001	均值	3771.3	3411.9	16976.0	4646.0	7284.1	17707.0	5881.7	5072.6
	(标准误)	(225.0)	(363.1)	(1191.1)	(343.2)	(766.5)	(1026.0)	(370.4)	(325.7)
2002	均值	4889.7	5380.0	23084.2	5424.9	6540.5	21614.6	6408.5	5370.8
	(标准误)	(463.3)	(623.3)	(2600.8)	(472.6)	(418.1)	(1804.2)	(450.2)	(332.4)
2003	均值	5500.2	6492.8	32911.3	6938.5	6838.8	25353.1	7204.7	6824.0
	(标准误)	(404.3)	(501.7)	(1890.5)	(464.4)	(330.3)	(1821.6)	(310.6)	(685.0)
2004	均值	6170.8	7940.1	32360.6	7913.0	8685.5	23857.6	7816.1	8667.0
	(标准误)	(261.0)	(638.7)	(7095.3)	(565.4)	(391.8)	(1197.5)	(276.9)	(666.1)
2005	均值	7964.6	10397.8	37088.3	8757.8	7923.5	24948.7	8867.4	8922.6
	(标准误)	(590.7)	(1189.9)	(5996.4)	(1000.3)	(299.6)	(1734.0)	(407.4)	(528.8)
2006	均值	7818.4	10928.7	39023.4	8200.3	9534.6	25790.7	8931.2	10654.6
	(标准误)	(446.2)	(770.9)	(3514.9)	(974.9)	(353.7)	(1366.2)	(327.9)	(1103.9)

注："（）"内数字为进行了村庄 Cluster 校正的标准误。

　　各省农户的消费水平差异很大，以 2006 年为例，消费最高的浙江省农户户均消费为消费支出最低的山西省农户的 5 倍[①]，次高的广东省是山西省的 3.3 倍。从分布来看，各省之间消费均值的差异在统计上几乎都比较显著（10％水平）；各省农户消费总额的不平等从时序变化上看，没有缩小的趋势。

　　从另一个视角来看，我们按照 RCRE 的目录首先报告农户消费结构，并且利用 Gini 系数的结构分解方法（Lerman and Yitzhaki，1985；Sark，et al.，1986），分解消费项目对农户总消费不平等的影响，1995～2002 年的分解结果参见表 3-2，2003～2006 年的分解结果参见表 3-3。表中"比例"一栏表示

----

　　① 当然，各地的物价水平差异也是比较大的，但是各省的分年农村 CPI 指数难以获得，因此本章没有进行空间上的价格平减处理。

分项支出占总消费的百分比,"Gini 影响"一栏表示该项目对总消费的边际影响,即该项目增加 1‰,使得总消费不平等指标 Gini 系数变化的百分比[1]。

表 3-2　农户消费结构与 Gini 系数的结构分解结果(1995~2002)

年份	1995		1996		1997		1998		1999		2000		2001		2002	
消费项目	比例	Gini 影响	比例	Gini 影响	比例	Gini 影响	比例	Gini 影响	比例	Gini 影响	比例	Gini 影响	比例	Gini 影响	比例	Gini 影响
食品	24.9	−0.144	26.2	−0.142	29.9	−0.132	29.6	−0.127	30.3	−0.119	24.8	−0.126	34.6	−0.104	25.9	−0.114
衣着	4.0	−0.019	4.0	−0.018	4.2	−0.016	4.4	−0.013	3.8	−0.015	3.4	−0.018	4.8	−0.013	3.6	−0.016
住房	47.7	0.174	46.0	0.177	31.5	0.120	40.7	0.156	34.8	0.133	41.6	0.152	26.4	0.108	30.2	0.107
燃料	1.0	−0.013	1.0	−0.013	1.3	−0.014	1.1	−0.014	1.4	−0.014	1.2	−0.014	1.6	−0.014	1.3	−0.014
用品	10.2	0.012	11.1	0.016	18.2	0.049	10.6	0.016	12.2	0.023	13.4	0.024	10.4	0.014	15.7	0.034
生活服务	5.3	−0.002	3.5	−0.008	4.7	−0.006	5.7	−0.003	7.2	0.000	7.2	−0.005	9.7	0.005	12.2	0.007
文化服务	4.4	−0.015	6.0	−0.015	7.4	−0.010	6.4	−0.016	7.3	−0.016	6.6	−0.014	10.5	0.003	8.5	−0.009
其他	2.5	0.005	2.0	0.003	2.9	0.008	1.9	0.002	2.9	0.007	1.8	0.001	1.9	0.002	2.6	0.004
总消费 Gini 系数	0.575		0.566		0.527		0.554		0.551		0.578		0.507		0.561	

1995~2002 年的结果显示,Engel 系数大约在 0.25~0.30 左右,没有逐年降低的趋势;消费的 Gini 系数也没有明显的降低趋势;Gini 系数分解的结果显示:"食品"、"衣着"、"燃料"是减轻农户消费不平等的项目;"住房"与"用品"是拉大农户消费差距的项目;"生活服务"与"文化服务"两个项目值得关注,随着农户消费的逐年增长,这两个项目由减轻消费不平等转化为增加消费不平等(表 3-2)。

表 3-3　农户消费结构与 Gini 系数的结构分解结果(1995~2002)

年份	2003		2004		2005		2006	
消费项目	比例	Gini 影响	比例	Gini 影响	比例	Gini 影响	比例	Gini 影响
食品	23.0	−0.097	24.9	−0.112	21.9	−0.109	23.4	−0.099
衣着	3.2	−0.015	3.5	−0.016	3.2	−0.015	3.9	−0.016

---

[1]　例如 1995 年食品支出占农户消费总支出的 24.9%,食品支出增加 1%,使得总消费 Gini 系数降低 14.4%,食品支出是降低消费总额不平等的项目(反之,正数表示增加不平等)。

住房	25.3	0.082	22.1	0.079	34.9	0.130	27.6	0.101
燃料	0.9	−0.015	1.3	−0.019	1.2	−0.017	1.1	−0.019
用品	6.0	−0.002	19.4	0.060	11.6	0.021	14.0	0.031
保险	17.0	0.061	1.9	0.005	2.0	0.005	2.2	0.005
生活服务	5.0	−0.017	5.8	−0.009	5.9	−0.011	6.9	−0.006
文化服务	7.7	−0.011	10.9	0.003	10.1	−0.004	9.8	−0.001
旅游	1.0	0.003	0.7	0.002	0.8	0.002	1.0	0.003
交通通讯	6.0	0.001	6.8	0.003	5.7	−0.004	6.1	−0.007
其他	4.8	0.011	2.7	0.003	2.7	0.002	3.9	0.007
总消费 Gini 系数	0.587	0.530	0.555	0.547				

在 2003～2006 年的结果中,单独分解出来"旅游"与"交通通讯"以后,"生活服务"与"文化服务"两个项目又转为降低消费不平等(表 3-3)。"交通通讯"项目在 2003/2004 年是增加消费不平等的作用,而在 2005 年以后转为减少消费不平等的项目了。大致来说,降低消费不平等的项目可以视为"必需品",而增加消费不平等的项目视为"奢侈品",那么"交通通讯"项目近年来由奢侈品变为必需品了。这些变化体现了农户消费结构的升级与换代。

我们样本的 Engel 系数低于《统计年鉴》的指标[①],大约是因为我们样本中,浙江与广东这些富裕省份比例较高的缘故。样本农户消费结构一个显著特征是"住房"支出逐年增加,近年来几乎占到了总消费支出的 30%;另一个显著特征是"住房"与"用品"支出的比例很不稳定,不同年份的比例差异较大(表 3-2、表 3-3)。

[①] 《统计年鉴》数据,2006 年,全国农户 Engel 系数为 43.02%。参见《中国统计年鉴(2007)》,国家统计局网站,网址:http://www.stats.gov.cn/tjsj/ndsj/2007/indexch.htm,2009 年 1 月 21 日,下载于云南昆明。

表 3-4　人均消费 Theil 指数与 Gini 系数的按照省份分解结果

年份	Theil 指数	标准误	组内百分比	组间百分比	Gini 系数	标准误	组内百分比	组间百分比	交叠百分比
1995	0.690	(0.138)	68.4	31.6	0.545	(0.047)	65.5	17.4	17.1
1996	0.764	(0.300)	70.2	29.8	0.541	(0.068)	67.2	16.0	16.7
1997	0.641	(0.256)	68.5	31.5	0.513	(0.060)	65.9	15.2	18.8
1998	0.666	(0.145)	73.0	27.0	0.530	(0.047)	61.9	16.8	21.3
1999	0.604	(0.166)	67.3	32.7	0.514	(0.051)	66.0	15.7	18.3
2000	0.769	(0.196)	71.7	28.3	0.549	(0.050)	64.8	16.4	18.8
2001	0.498	(0.100)	71.1	28.9	0.483	(0.039)	60.8	15.9	23.3
2002	0.662	(0.124)	72.3	27.7	0.543	(0.049)	60.3	16.9	22.8
2003	0.681	(0.120)	62.3	37.7	0.571	(0.051)	67.0	14.6	18.4
2004	0.593	(0.123)	69.0	31.0	0.502	(0.041)	65.3	13.5	21.2
2005	0.886	(0.219)	68.5	31.5	0.603	(0.047)	65.4	14.8	19.8
2006	0.659	(0.158)	65.8	34.2	0.529	(0.046)	67.1	14.2	18.8

注:使用 Bootstrap 技术分层计算标准误,Cluster 为样本村。

从另一个视角分析农户人均消费不平等差异,将农户消费不平等分解为省内和省际对不平等指标贡献的百分比,表 3-4 给出了通常的 Theil 指数(即参数为 1 的广义熵指数)分解(Cowell,1995;2000)结果;同时报告了 Gini 系数分解[①]的结果(Pyatt,1976)。结果显示出:无论使用 Theil 指数还是 Gini 系数测量,在整个时序上,农户的消费不平等没有缩减的趋势。Theil 分解显示出组内差异占了主要的部分,大约解释了全部不平等的 70% 左右,组间差距大约占 30% 左右,但组间差距有逐年增加的趋势。Gini 系数的分解结果和 Theil 指数分解结果类似,但一个重要的信息是交叠项大约解释了全部 Gini 的 20% 左右。总体来看,省内的差异是农户消费不平等的主要源泉,但是省际间的差异也有拉大的趋势。

从分布来看,农户消费不平等测量指标的估计系数置信区间较大,中国农户的消费不平等水平是较高的。世界银行测算中国 2001 年收入的 Gini

---

① 通常研究者不对 Gini 系数进行分解,因为其在互斥群组中无法被完全分解掉,但是 Pyatt 分解提供的余项——交叠项本身也具有直接的解释;在本章的上下文环境中,就是低消费省份的中的高消费农户超过高消费省份中低消费农户的比例;因此本章同时报告了 Gini 系数的分解结果。

系数大约为 0.45(World Bank,2005),已经处于世界上比较高的水平了(我们样本 2001 年 Gini 系数为 0.479);而消费往往被视为持久收入(Hall,1978),则本章的计算结果显示出持久收入似乎比之暂时性收入的不平等程度更加严重一些。从结构上看,农户消费的不平等主要是体现在"住房"和"用品"支出项目上,省内的差异占了 70% 以上。

本节的描述统计从消费变化、结构与不平等分解几个方面对中国农户的消费特征进行了刻画,下一节建立 ELES 系统估计农户需求函数的关键参数。

3.2 计量模型与估计结果

本节利用 ELES 需求系统进行医疗服务收入弹性和价格弹性的计算,首先对 ELES 需求函数进行一个简要介绍。

ELES 需求函数是在 Stone(1954)的 LES 需求函数的基础上提出,Stone 线性需求函数的基本形式为式(3.1):

$$p_i q_i = p_i \gamma_i + \alpha_i (V - \sum_{j=1}^{n} p_j \gamma_j) \tag{3.1}$$

LES 模型的解释是:消费者对商品 i 的需求支出额 $p_i q_i$ 为两部分之和,第一部分为该商品的基本需求支出 $p_i \gamma_i$;第二部分是总预算支出 V 减去对所有商品的基本需求支出后剩余部分中用于商品 i 的部分,其边际预算份额为 α_i。

LES 模型存在一个理论逻辑不足,它假定总支出 V 为外生的,这是不妥的,消费者通常不是先确定总支出再购买商品,而是购买决定了总支出。Lluch and Williams(1975)利用扩展线性支出模型(ELES)对线性模型做出了两点修改:用收入 I 代替总支出 V;用边际消费倾向 β_i 代替边际预算份额 α_i,这样需求支出函数变为式(3.2):

$$V_i = p_i q_i = p_i \gamma_i + \beta_i (I - \sum_{j=1}^{n} p_j \gamma_j) \qquad i = 1 \cdots n \tag{3.2}$$

对于横截面数据来说，$p_i\gamma_i$ 和 $p_j\gamma_j$ 是常数，经过整理得到 ELES 系统的基本需求函数形式为式(3.3)式(3.4)：

$$V_i = \alpha_i + \beta_i I \qquad\qquad (3.3)$$

$$p_i\gamma_i = \alpha_i + \beta_i \sum_{i=1}^{n}\alpha_i / (I - \sum_{i=1}^{n}\beta_i) \qquad\qquad (3.4)$$

在式(3.4)中 $\alpha_i = p_i q_i - \beta_i \sum_{j=1}^{n} p_j\gamma_j$；首先利用 OLS 估计式(3.3)获得参数 α_i 和 β_i 的估计值，然后利用式(3.4)求得 i 类支出物的基本需求量 $p_i\gamma_i$。

利用扩展线性支出系统估计农户需求函数的最大优点是，如果没有价格资料 p_i，也能根据截面资料估计 $p_i\gamma_i$ 和 β_i 的值，进而进行价格弹性的分析。此外它还能够更加全面地反映消费结构以及与消费结构相关联的收入、价格等方面的数量关系。收入弹性 $\eta_i^I = \beta_i \dfrac{I}{V_i}$；价格弹性中，自身价格弹性 $\eta_{ii} = (1-\beta_i)\left[\dfrac{p_i\gamma_i}{V_i}\right] - 1$；交叉价格弹性 $\eta_{ij} = -\beta_i\left[\dfrac{p_j\gamma_j}{V_i}\right]$。利用上述的 ELES 系统对八省农户的需求函数进行估计，还是分为两个时段报告，略去大量的回归方程参数，农户的基本需求量结果列示在表 3-5(1995～2002年)与表 3-6(2003～2006 年)。

表 3-5　**农户基本需求量金额与实际消费额的比较**(1995～2002)

年份	食品	衣着	住房	燃料	用品	生活服务	文化服务	其他	合计
基本消费量金额(元)									
1995	3432.0	477.3	313.0	223.8	229.9	395.7	578.3	379.0	6029.0
1996	3068.2	461.5	169.8	249.3	456.9	426.4	827.7	183.6	5843.3
1997	3887.6	510.6	228.8	292.9	338.4	493.8	906.5	150.9	6809.5
1998	4240.9	502.0	1407.1	292.0	628.4	635.4	859.2	131.2	8696.2
1999	4423.1	564.3	1873.5	313.8	559.0	787.6	981.3	199.1	9701.6
2000	3251.5	438.9	1217.5	265.5	370.8	679.0	656.6	142.9	7022.7
2001	3563.4	455.3	715.1	274.8	529.1	623.3	768.4	123.2	7052.5
2002	4069.8	560.2	1423.5	303.4	756.8	925.7	1066.7	237.3	9343.5
基本消费占实际消费金额的百分比									
1995	70.2	71.2	11.2	70.6	18.3	45.6	57.8	76.5	48.4

1996	62.7	68.8	19.5	78.7	36.3	49.1	82.7	80.7	43.4
1997	79.5	76.1	18.2	92.5	26.9	56.9	90.6	66.3	55.3
1998	86.7	74.8	50.3	92.2	50.0	73.2	85.8	57.6	70.0
1999	90.4	84.1	67.0	99.1	76.2	90.8	98.0	87.5	83.4
2000	66.5	65.4	43.5	83.8	29.5	78.2	65.6	62.8	57.7
2001	72.9	67.9	25.6	86.7	42.1	71.8	76.8	54.1	68.8
2002	83.2	83.5	50.9	95.8	60.2	96.7	86.6	84.3	73.4

表 3-6　农户基本需求量金额与实际消费额的比较(2003～2006)

年份	食品	衣着	住房	燃料	用品	保险	生活服务	文化服务	旅游	交通通讯	其他	合计
基本消费量金额(元)												
2003	4276.7	570.7	2102.6	354.6	793.8	800.3	941.7	1189.8	17.2	745.5	435.6	12228.7
2004	4680.9	662.2	2422.9	383.2	594.6	241.5	672.9	1717.3	77.6	717.7	235.6	12406.3
2005	5080.9	674.3	2601.4	475.8	557.1	209.2	1116.0	1666.4	54.7	876.7	395.3	13707.8
2006	5183.3	779.8	2528.5	514.4	1339.9	217.9	1219.3	1640.6	31.7	973.6	513.9	14942.9
基本消费占实际消费金额的百分比												
2003	79.2	71.0	73.3	77.2	49.5	129.9	83.5	74.3	17.3	72.9	92.1	81.6
2004	49.7	77.7	32.2	83.4	40.6	36.2	59.6	44.8	47.3	80.5	49.8	84.7
2005	74.1	83.9	90.7	103.6	34.7	34.0	98.9	104.1	55.3	85.7	83.6	80.5
2006	76.0	97.0	88.1	112.0	83.6	35.4	108.1	102.5	32.0	95.2	90.7	84.8

　　表 3-5 与表 3-6 的结果分为两个部分列示,上一部分是金额,下一部分是基本支出量占实际支出量的比例。结果显示,样本农户的生活水平已经超过了温饱水平,但"食品"与"衣着"基本支出的比例都比较高,全部的基本消费支出占实际消费支出的比例为 80% 左右;表明农户消费已经从单纯的数量满足向质量方面提升了,但是年度之间的波动还比较大。

　　农户需求的收入弹性计算结果列示在表 3-7(1995～2002 年)与表 3-8(2003～2006 年)。

表 3-7　农户需求的收入弹性(1995～2002)

年份	食品	衣着	住房	燃料	用品	生活服务	文化服务	其他
1995	0.31	0.42	2.00	0.18	0.94	0.39	0.14	3.95
1996	0.36	0.41	1.09	0.20	1.08	0.49	0.31	0.81
1997	0.47	0.47	1.20	0.21	2.41	0.31	0.23	2.75
1998	0.47	0.67	1.35	0.18	0.86	0.30	0.31	0.38
1999	0.23	0.20	0.54	0.10	0.37	0.14	0.12	0.56
2000	0.37	0.39	2.21	0.24	1.08	0.42	0.44	0.37
2001	0.40	0.46	0.59	0.27	0.58	0.67	0.52	0.42
2002	0.24	0.25	0.68	0.18	1.15	1.11	0.22	0.35

注:这些收入弹性都用 Delta 方法计算了标准误,为了报告的简洁,此处略去。读者如有需要,可以通过电子邮件索取。

表 3-8　农户需求的收入弹性(2003～2006)

年份	食品	衣着	住房	燃料	用品	保险	生活服务	文化服务	旅游	交通通讯	其他
2003	0.34	0.50	0.48	0.09	0.27	0.33	0.20	0.25	2.65	0.43	0.21
2004	0.22	0.39	0.48	0.07	1.01	0.13	0.13	0.24	1.69	0.44	0.11
2005	0.25	0.44	1.03	0.10	1.74	0.26	0.18	0.21	1.14	0.46	0.18
2006	0.22	0.55	0.49	0.10	0.88	0.32	0.23	0.18	2.09	0.54	0.26

注:这些收入弹性都用 Delta 方法计算了标准误,为了报告的简洁,此处略去。读者如有需要,可以通过电子邮件索取。

收入弹性的计算结果显示,近期农户消费项目中收入弹性最低的是"燃料"、"文化服务"、"生活服务"、"食品"、"保险"支出。每 1 元的收入增加,这些项目上的花费大约在 0.1～0.3 元左右。"旅游"支出在所有年份上都是"奢侈品",收入弹性大大高于 1。"住房"、"用品"支出收入弹性波动加大,有些年份显示出奢侈品的特征,有些年份又具有必需品的特征;"交通通讯"、"衣着"两个项目收入弹性波动不大,收入弹性稳定在 0.5 左右。

农户需求函数自身价格弹性的估计结果列示在表 3-9(1995～2002 年)和表 3-10(2003～2006 年)。

表 3-9　农户需求的自身价格弹性(1995～2002)

年份	食品	衣着	住房	燃料	用品	生活服务	文化服务	其他
1995	−0.37	−0.30	−1.07	−0.30	−0.83	−0.55	−0.43	−2.56
1996	−0.44	−0.32	−2.39	−0.22	−0.65	−0.51	−0.18	−0.20
1997	−0.31	−0.25	−0.93	−0.08	−1.22	−0.44	−0.11	−1.64
1998	−0.25	−0.27	−0.61	−0.08	−0.53	−0.28	−0.16	−0.43
1999	−0.15	−0.17	−0.39	−0.01	−0.26	−0.10	−0.03	−0.13
2000	−0.41	−0.36	−1.27	−0.17	−0.73	−0.24	−0.36	−0.38
2001	−0.36	−0.33	−0.77	−0.14	−0.60	−0.31	−0.26	−0.46
2002	−0.22	−0.17	−0.54	−0.04	−0.44	−0.22	−0.25	−0.44

注:这些自身价格弹性都用 Delta 方法计算了标准误,为了报告的简洁,此处略去。读者如有需要,可以通过电子邮件索取。

表 3-10　农户需求的自身价格弹性(2003～2006)

年份	食品	衣着	住房	燃料	用品	保险	生活服务	文化服务	旅游	交通通讯	其他
2003	−0.29	−0.31	−0.32	−0.23	−0.22	−0.53	−0.18	−0.17	−0.73	−0.29	−0.10
2004	−0.23	−0.32	−0.29	−0.17	−0.27	−0.63	−0.11	−0.16	−0.78	−0.22	−0.50
2005	−0.22	−0.17	−0.21	−0.13	0.40	−0.66	−0.12	−0.13	−0.75	−0.26	−0.17
2006	−0.21	−0.15	−0.27	−0.12	−0.41	−0.65	−0.17	−0.11	−0.78	−0.27	−0.18

注:这些自身价格弹性都用 Delta 方法计算了标准误,为了报告的简洁,此处略去。读者如有需要,可以通过电子邮件索取。

　　自身价格弹性的计算结果显示出对于价格变化比较敏感的农户消费项目主要包括"旅游"、"住房"、"用品"、"保险"这些项目;属于价格弹性较小的必需品项目包括"食品"、"衣着"、"燃料"等项目,根据本章脚注①的说明"生活服务"和"文化服务"也是属于必需品的范围,自身价格弹性比较小。

　　从时序变化来看,"食品"、"衣着"、"燃料"三个项目价格弹性逐年降低;降价对于这些项目能够起到的拉动效果不大;"旅游"、"用品"、"保险"三个项目则显示出价格弹性逐年增加的趋势。

3.3　第 3 章小结

本章利用 ELES 需求系统分析了中国八省农户 1995～2006 年的需求函数,经验研究的主要结论包括:1. 中国农户的消费不平等程度大于收入的不平等程度。从结构来看,拉大农户消费不平等的项目主要是"住房"与"用品"支出,按照地区分解,70％以上的农户消费不平等主要是省内的差距造成,省际之间的差异仅能解释全部消费不平等的 30％左右;2. 目前中国农户的 Engel 系数大约在 0.24 左右,并且从 20 世纪 90 年代以来就趋于稳定了;3. 中国农户目前已经从温饱阶段全面进入消费的质量提升阶段,基本消费占实际消费的比例大致在 80％左右;4. 农户消费项目中,收入弹性较高的主要是"住房"、"用品"、"旅游"、"交通通讯"、"衣着"项目;价格弹性较高的则是"旅游"、"住房"、"用品"、"保险"四个项目,并且这些项目的价格弹性还有逐年增加的趋势。

本章的经验研究结果对当前拉动农村地区内需具有重要的现实意义,当前我国农户正处于消费提升的关键时期,由温饱阶段向追求消费质量阶段转变。拉动农户消费的关键项目主要应该集中在"住房"、"用品"、"旅游"、"交通通讯"、"衣着"这些方面;尤其是在建材、房屋用品等方面应该向农村供应质优价廉,有信誉的商品;加大农村基础设施建设,促进家用电器的消费与升级换代,降低农村的通讯费用,促进农户的通讯工具、网络计算机普及,加快城乡一体化进程。

"旅游"与"保险"项目目前占农户消费总额的比例还较小,但是很有提升的潜力;尤其是以"新型农村合作医疗"为代表的新的农户社会保障机制和商业保障机制的建立,对稳定农户收入,缩小城乡社会保障制度差异具有重要的长期意义。开发适合农村居民的旅游产品和旅游线路也是大有可为的拉动内需举措。

当然,兼顾公平,缩小消费(持久收入)的不平等也是贯彻科学发展观,体现以人为本的发展理念必须认真面对的问题。

从理论意义上看,本章估计的参数是基于微观数据获得的,在理论上较之宏观研究更为合理。例如:与李锐(2003)利用《统计年鉴》数据的 ELES 估计结果相比,估计的参数更加合理一些,例如:李锐测算的 2000 年农户收入弹性仅有"食品"、"衣着"两个项目收入弹性小于 1,其他项目都大于 1,并且"食品"、"衣着"两个项目的收入弹性几乎是本章同期数值的两倍以上;并且估计的所有项目价格弹性也几乎都在 1 左右,这些估计结果与常识背离太大。因此,使用宏观数据的参数作为政策依据是需要非常谨慎的,对于农户需求函数的主要参考依据必需基于微观数据基础的研究。

本章利用面板数据的目的并非是为了剔除异质性估计一个平均参数的目的,而是为了使农户消费结构具有可比性,并且可以观察时序变化特征。本章估计的参数在时序上还是相对稳定的,另一个角度说明了本章估计结果的稳健性。

第4章 流动性约束、持久收入与农户消费

中国进入 2007 年以来，CPI 的持续攀升引起了各界的广泛关注。尤其是，伴随物价上涨，"消费"便成为经济学家关注的热点问题之一[①]。现代意义上的消费理论肇始于 Friedman 的"持久收入假说"（Permanent Income Hypothesis，以下简称"PIH"）和 Modigliani 的"生命周期假说"（Life Cycle Hypothesis，以下简称"LCH"），后来的研究发现，两个假说虽然强调的重点有所差别，但是实质是一样的，即：代表性消费者的消费将由一生的资源价值决定（Deaton，1992），消费的路径决定于消费者的跨期最优选择。这些结论都是建立在较强的微观经济学基础之上的结果。但是，相当长的一段时期内，消费首先是一个宏观经济学的问题，造成这种微观理论首先被宏观经济学关注的原因部分由于 Keynes 理论确定了消费在总需求中的核心地位，另一方面是由于数据采集和经验研究方面技术的发展进程。

进入 20 世纪 80 年代以来，主流经济学界发现这种微观理论基础和宏观经验证据之间的不匹配造成了很多误解。Hall(1978)的开创性论文指明了现代消费经验研究的道路，主流经济学对于消费的研究，从二十世纪 80 年代开始，进入强调微观计量的时代，并且获得了很多和总量研究不一致的结果(Carroll，1997；Deaton，1997；Deaton and Paxson，1994；Hayashi，1985；Paxson，1992；Shea，1995；Zeldes，1989a；1989b)。

国内学者对于消费的研究，偏重于使用宏观数据的时间序列建模（孙凤，2002；贺菊煌，2000；龙志和、周浩明，2000）。从朱春燕、臧旭恒（2001）

---

① 在 2007 年 8 月份，中央电视台二套（经济频道）播出了对国家统计局长谢伏瞻的一个访谈节目，在座的几位中国活跃的宏观经济学家都认为"消费"是目前需要重点关注的问题。

对西方跨期选择的消费理论的介绍开始,国内学者尝试利用微观机制的模型对消费进行研究,有代表性的一个成果是施建淮、朱信婷(2004)利用城市层面的数据对于居民储蓄和消费的预防性动机所进行的研究,他们的研究发现,城市居民储蓄行为中确实存在预防性动机,但是不如通常预期的强烈。孟昕、黄少卿(2001)利用城市家庭数据的研究对永久性收入假说和预防性储蓄动机进行了检验,结果发现中国的城市家庭具有非常强烈的预防性储蓄动机。不但过去收入的不确定性增加了家庭的储蓄倾向,而且预期的下岗可能性对没有失业成员的家庭的储蓄倾向也将产生强烈影响。可能是由于数据可得性的原因,上述研究大多是以总量数据(Aggregate data)为基础,或者侧重点集中于城市居民,而对于农村居民消费行为的研究较为缺乏。近年来,国内学者在微观层面上的消费研究,也逐渐开始关注农村家庭的消费和储蓄行为,近期两个代表性的成果包括曹和平(2002)和罗楚亮(2006)利用微观面板数据对农户预防性动机和消费保险分散的研究。但是罗楚亮的研究使用的数据本质上是截面数据,利用回忆补充的短期面板,存在测量误差和一些关键变量依靠平均数代替的问题;曹和平的研究样本不够大,时间跨度也仅有 5 年[1],并且在处理的时候没有充分考虑 Cohort 数据结构的一些特殊性(Deaton,1997)。

　　本章利用来自中国 8 省农村的一个大型微观面板数据库(跨度为 1995—2002 年,以下简称"RCRE"数据),对农户消费的微观理论进行经验研究,主要侧重于流动性约束对农户消费行为的影响。国外已有的类似研究很多基于"密歇根收入动态组数据"(以下简称"PSID"),这个数据库的消费仅仅包含"食品消费"的变量,对于资产的测度也不完整,一个较好的回顾可以参见 Browning and Lusardi(1996)的综述。而 RCRE 数据包含有完整的资产和消费细目,时间跨度也较长,可以很好的弥补已有研究的缺憾。本章下面的论述分为三个部分:第 1 部分是理论框架和数据介绍及基本的描述统计;第 2 部分是计量模型与估计结果;最后的第 3 部分为结论与评述。

---

[1]　样本是江苏句容县每年 100 个农户,从 1995—1999 年的 Pseudo—Panel 数据。

4.1 理论框架和数据介绍

我们以式(2.6)作为基本计量模型框架,为了操作化,需要设定效用函数的具体形式,在此将效用函数设为常相对避险系数形式(4.1):

$$U(C_{it}\,;\theta_{it}) = \frac{C_{it}^{1-\alpha}}{1-\alpha} \times \exp(\theta_{it}) \tag{4.1}$$

在式(4.1)中,α 表示 Arrow-Pratt 相对风险规避系数,将式(4.1)带入式(2.6)得到式(4.2):

$$\frac{C_{it+1}^{-\alpha} \times \exp(\theta_{i,t+1} - \theta_t)(1 + r_{it})(1 + \lambda_{it})}{C_{it}^{-\alpha}(1 + \delta_i)} = 1 + e_{i,t+1}^{'} \tag{4.2}$$

式(4.2)中,对于家庭偏好特征向量 θ 可以设定为包含有可观察的因素,例如年龄和人口结构,也应该包含观察不到的因素,在我们的估计中,使用户固定效应和时间固定效应来表示。对式(4.2)两边取对数化简得到基本的计量方程式(4.3):

$$GC_{i,t+1} = k^1 + k_i^2 + k_t^3 + \frac{1}{\alpha}\big[\ln(1 + r_{it}) + b_1\,\mathrm{age}_{it} + b_2\,x_{i,t+1}\big] + v_{i,t+1}$$
$$+ \ln(1 + \lambda_{it}) \tag{4.3}$$

在式(4.3)中,因变量 $GC_{i,t+1} = \ln(C_{i,t+1}/C_{i,t})$,表示对数消费增长率;$k^1$,$k_i^2$,$k_t^3$ 分别表示常数项、户固定效应和时间固定效应。age_{it} 表示户主年龄,$x_{i,t+1}$ 表示可以观察到的其他家庭偏好特征向量。式(4.3)的残差项为 $v_{i,t+1} + \ln(1 + \lambda_{it})$,$v_{i,t+1}$ 是通常的理性预期误差项的一个线性组合,给定一定假设,具有 0 均值,并且和 t 期信息向量正交;如果约束条件非紧,则 λ_{it} 趋于 0,其他条件不变的情形下,λ_{it} 越大则消费增长率越高,因此检验式(4.3)的残差项可以作为流动性约束的一个定量测量工具,即:流动性约束的存在将使得式(4.3)的残差项显著的大于 0[①]。

对于流动性约束的操作化定义,采用 Zeldes(1989a)的分组方法,利用财富和家庭收入的不同测算比例进行分组,具体的比例将在数据介绍以后加以列示。

本章的研究基于中国 8 省 1420 个农户的面板数据集,这个数据集的抽样范围是中国农业部的农村固定观察点(RCRE)。因为农业部固定观察点已有的数据包含丰富的家庭人口经济变量,但是没有包含个人信息,所以北京大学中国经济研究中心与农业部合作,对于样本农户家庭成员 1987~2002 年期间的个人情况进行回溯调查。回溯调查获得的个人数据与农业部固定观察点已有的家庭数据进行合并,形成本文研究最终使用的微观面板数据集。

整个 RCRE 面板数据的时间跨度是 1989~2002 年,但是 1990、1992、1994 年三年的数据不可得,并且 1995 年以前数据缺失较多,因此,本文使用的最终数据库是 1995~2002 年共 8 年的数据,面板结构参见表 4—1。这段时期,币值也较为稳定,对于研究消费变化较为理想。

表 4—1　RCRE 面板数据结构

频数	百分比	累计百分比	模式
1056	74.37	74.37	11111111
227	15.99	90.35	111
37	2.61	92.96	111111.1
27	1.9	94.86	.....11.
25	1.76	96.62	11
23	1.62	98.24	1111111
13	0.92	99.15	11111..1
4	0.28	99.44	.....1.1

①　因为流动性约束仅仅限制借贷,而不限制储蓄;从式可以看出,在流动性约束存在的条件下,如果效用函数是通常的凹函数,则消费增长率必大于没有流动约束情形下的消费增长率,因此必须严格为正($\ln(1+\lambda_{it})>0$, iif $\lambda_{it}>0$)。

3	0.21	99.65	1
5	0.35	100.00	(other patterns)
1420	100.00	100.00	XXXXXXXX

注:"·"表示空缺"1"表示有数。

　　较之国外研究者广泛使用的 PSID 数据,RCRE 包含有全部的消费细目和资产详细信息。我们按照通常的"净消费"定义本文使用的消费概念,即家庭全年总消费中扣除"耐用品、房屋和服务的支出";收入定义为扣除生产性投入以后的家庭纯收入。所有的价值指标都按照相应的指数进行了平减处理。对于流动性约束的操作化定义分为 4 种不同的财富标准进行比较,流动性约束都定义为非人力资本财富与 2 个月的平均家庭纯收入之比(即年收入的 2/12);比值大于 1 定义为"非流动约束组(以下简称'非约束组')"、比值小于和等于 1,定义为"流动约束组(以下简称'约束组')",按照财富变现能力,四种财富定义分别是:分组一、年末待售农产品价值＋手持现金＋银行存款＋证券投资;分组二、在第"1"类基础上加上"生产性固定资产原值";分组三、在第"2"类基础上加上"生活性固定资产原值";分组四、单纯使用每年的现金收支相抵进行判断,即全年的:手持现金＋银行存款＋证券投资－现金性消费支出,以正负号进行分组[①]。根据理论假设,对约束组存在 $\lambda_{it}>0$,对于非约束组存在 $\lambda_{it}=0$;为了避免选择性偏误,财富和收入都是对 $t+1$ 期而言的前定变量。

　　在这样四种分组的情况下,某些家庭在不同时期会分别属于不同的两组,整个分组的结构和转移矩阵列示在表 4-2。

表 4-2　流动性分组结构(%)

分组	分组 1			分组 2			分组 3			分组 4		
	1	2	合计	1	2	合计	1	2	合计	1	2	合计

① 当然,这些分组的方法难免主观,但是在没有更好的测量指标以前,也只好先按照已有研究的惯例进行分组。我们也考虑中国农村的特殊性,没有把房屋原值列入资产计算。

1	73.7	26.3	100	71.1	28.9	100	51.6	48.4	100	75.59	24.41	100
2	18.08	81.92	100	18.81	81.19	100	9.66	90.34	100	25.85	74.15	100
合计	42.63	57.37	100	40.92	59.08	100	17.06	82.94	100	53.5	46.5	100

注:分组 1,2 分别表示"约束组"和"非约束组"。

从表 4-2 可以看出,随着财富范围的定义变宽,流动性约束组的比例逐渐降低,在最为极端的"分组 4",有一半以上的家庭受到流动性约束。表 4-2 的转移矩阵结构还显示出同时出现在约束组和非约束组家庭的比例。

从描述统计的角度来看,按照 PIH/LCH 的预期,存在两个可观察的现象:第一,消费者一生的消费大致保持在一个水平上;第二,使用储蓄等于当期收入减去当期消费这一定义,则在消费者一生之中,至少出现一次的储蓄峰值"驼峰储蓄",并且峰值最可能出现在退休之前的阶段(Deaton,1992)。我们按照样本农户的户主年龄,绘制平滑处理①的收入和消费曲线(图 4-1),来观察中国农户的消费行为是否和 PIH/LCH 的预期吻合。

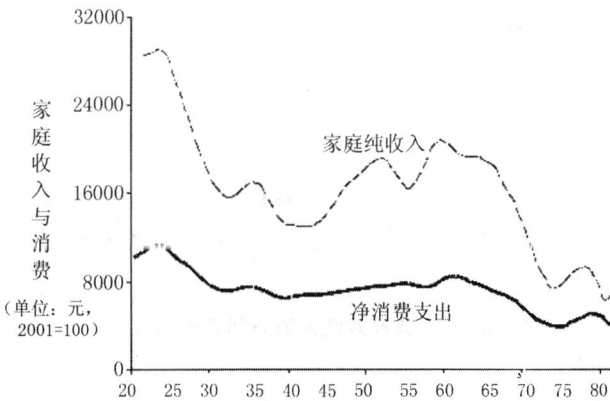

图 4-1　农户收入与消费的生命周期特征

图 4-1 显示出,中国农户消费行为和 PIH/LCH 的预期吻合比较好,消

———————

①　我们的样本较大,在每一个年龄点上都有数,平滑处理采用的是跨期为 5 年的加权平均移动平滑方法,即 t±2 期权数都为 1/9,t±1 期权数都为 2/9,当期权数为 3/9。

费在整个生命周期内几乎呈水平轨迹,并且一个驼峰储蓄出现在 60 岁左右
(退休前)。但是,在某些时点上,消费还是显示出追随收入的特征。在 35
岁、57 岁和 62 岁三个点上,消费存在跟随收入的现象。这表明 PIH/LCH
在解释中国农户消费行为方面基本成立,但是流动性约束可能也在某些年
龄段上破坏了消费的鞅过程轨迹。

　　进而,如果流动性约束仅仅出现在低收入人群的话,可以预期的是消费
对于收入的跟随并不是在整个收入值域内不变,高收入组别的消费对收入
的斜率系数应该小于低收入组别。为了证明这一点,我们剔除最高和最低
各 10% 的异常值以后,做家庭净消费对家庭纯收入的局部 Lowess 平滑,结
果参见图 4-2。

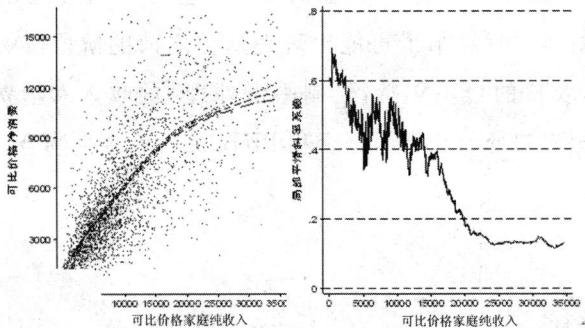

注:左图为消费与收入的 Lowess 局部平滑,同时绘制 95% 的
置信带;右图为局部平滑的斜率系数在整个收入值域上的变
化。

图 4-2　消费对收入的局部平滑结果

　　图 4-2 的估计结果显示出,随着收入的增加,边际消费倾向逐渐降低,
在不受流动性约束的高收入人群中,消费与收入的关系较小。图 4-2 的右
图直接绘制了斜率系数的轨迹,斜率系数随收入增加,表现出单调的逐渐下
降特征(消费对收入呈现大致的凹性),在收入超过 25000 元以后的区域内,
消费和收入几乎没有关系。斜率系数的整个值域内呈现合理取值,并且与
Deaton(1992)的数值模拟轨迹非常接近。

图 4-1 和图 4-2 的描述统计结果清晰的表明,中国农户消费路径总体和 PIH/LCH 的理论预期相吻合,并且消费路径的蜷过程明显受到流动性约束的影响。本节的描述统计结果是初步的、试探性结论。正式的建立计量模型,明确假设,并估计式的工作将在下一节完成。

4.2　农户消费增长计量模型及其估计结果

本节首先根据式(4.3)建立标准的计量模型,并且定义变量,待估的模型设为式(4.4):

$$GC_{i,t+1} = k^1 + k_i^2 + k_t^3 + \alpha_1 age_{it} + \alpha_2 age_{it}^2 + \alpha_3 labor_{it} + \alpha_4 malel_{it}$$
$$+ \alpha_5 \ln(1 + r_{it}) + \varepsilon_{it+1} \tag{4.4}$$

在式(4.4)中,因变量 $GC_{i,t+1} = \ln(C_{i,t+1}/C_{i,t})$,表示对数消费增长率;$k^1$,$k_i^2$,$k_t^3$ 分别表示常数项、户固定效应和时间固定效应。age_{it} 表示户主年龄,age^2 表示户主年龄平方/100,$labor_{it}$ 为家庭劳动力比例,$malel_{it}$ 为家庭劳力中男性劳力比例,这 4 个指标用来显性的捕捉家庭偏好,其余的非观察异质性 (Heterogeneity,以下简称"异质性")归结到户的固定效应 k_i^2 中,时间哑元 k_t^3 捕捉时间上的总量冲击;$\ln(1 + r_{it})$ 中的利率使用农户当年的储蓄和证券利息收入除以上年末存款与证券投资计算,缺失的年份使用本户邻近年份的数值进行平滑;式(4.4)的扰动项为 $\varepsilon_{it+1} = v_{i,t+1} + \ln(1 + \lambda_{it})$;诸 α 为待估参数,α_5 就是相对避险系数的倒数,下标 t 和 i 分别表示时期和家庭。

根据本文第二部分的理论框架,对于式(4.4)分为"约束组"与"非约束组"的估计结果包含的可检验假设具体化为 3 点:检验 1、正交条件。在式(4.4)中包含收入对数 $\ln Y_{it}$ 到两组方程的解释变量中,如果流动约束不重要的话,Lagrange 乘子 λ_{it} 就不会对扰动项 ε_{it+1} 和 $\ln Y_{it}$ 的正交条件产生影响。根据标准的 PIH 假设,两组回归中的 $\ln Y_{it}$ 系数就应该都不显著,并且估计结果相差不大。备择假设则是,流动约束对于"约束组"有效,这一组中 Lagrange 乘子 λ_{it} 对扰动项 ε_{it+1} 产生明显影响,直接的后果就是该组中的 $\ln Y_{it}$ 系数统计上显著或者产生不合理的估计值。而 Euler 方程的正交条件仅在

"非约束组"成立；检验 2、Lagrange 乘子项 $\ln(1+\lambda_{it})$ 的严格为正（参见本章脚注①的说明）。$\ln(1+\lambda_{it})$ 表示的是因为流动性约束的存在，导致的消费增长率比不存在流动约束条件下高出的部分，就是对 Euler 方程的正向偏离测度值。在统计意义上说，$\ln(1+\lambda_{it})$ 包含在式（4.4）的扰动项 ε_{it+1} 中，要计算 $\ln(1+\lambda_{it})$ 的过程分为两个步骤：第一步是利用"非约束组"获得式（4.4）诸参数的无偏估计值（因为"无约束组"的 ε_{it+1} 是"干净的"）；第二步带入"约束组"计算出"约束组"的残差项 $\varepsilon_{it+1} = v_{i,t+1} + \ln(1+\lambda_{it})$。根据理性预期假定 $v_{i,t+1}$ 的均值 $\overline{v_{i,t+1}}$ 在样本增大时候趋于 0，则有"约束组"的残差估计值均值就是 $\ln(1+\lambda_{it})$ 均值的一致估计量，即 $\overline{\overline{\varepsilon_{it+1}}} \rightarrow \overline{\ln(1+\lambda_{it})}$。但是因为估计式（4.4）的时候，使用户的固定效应捕捉异质性，因此对于 $\overline{\ln(1+\lambda_{it})}$ 的计算仅仅能够包含在整个时期跨度内同时出现在"约束组"和"非约束组"的家庭①（这些家庭的比例参见表 4-2：流动性分组结构（％）的转换矩阵）。小结一下，检验 2 就是利用标准的 t 检验方法检验 $\overline{\overline{\varepsilon_{it+1}}} = 0$ 的 H_0；检验 3、$\ln Y_{it}$ 对 $\ln(1+\lambda_{it})$ 的影响为负，在其他条件不变的情况下，收入增加带来流动性约束的放松，因此导致 $\ln(1+\lambda_{it})$ 的下降，因此 $\ln Y_{it}$ 对 $\ln(1+\lambda_{it})$ 的偏影响为负，但是现有的估计程序无法准确的估算 $\ln(1+\lambda_{it})$ 对于 $\ln Y_{it}$ 的偏微分；直接用 $\overline{\overline{\varepsilon_{it+1}}}$ 对于 $\ln Y_{it}$ 做一元回归，检验 $\ln Y_{it}$ 的系数是否显著为负，但是这是使用全微分来对偏微分的一种近似。因此 Zeldes（1989a）建议检验 3 作为一种试探性的非正式检验。

对式（4.4）的 4 种分组方法固定效应模型估计结果参见表 4-3：

表 4-3　流动性约束与农户消费增长率的估计（固定效应模型）

解释变量	分组 1		分组 2		分组 3		分组 4	
	约束组	非约束组	约束组	非约束组	约束组	非约束组	约束组	非约束组
	b/(se)	b/(se)	b/(se)	b/(se)	b/(se)	b/(se)	b/(se)	b/(se)

---

① 这种处理其实有 Difference-in-Difference 估计量的特征，参见 Wooldridge, J. M., Econometric analysis of cross section and panel data, 2002, MIT Press, Cambridge, Mass.

户主年龄	0.050 **	0.0728 ***	0.048 **	0.068 ***	0.042	0.055 ***	0.066 ***	0.057 ***
	(0.023)	(0.019)	(0.024)	(0.018)	(0.053)	(0.014)	(0.019)	(0.021)
户主年龄平方/100	0.003	−0.018	0.005	−0.013	0.022	−0.010	−0.020	−0.007
	(0.022)	(0.019)	(0.023)	(0.018)	(0.053)	(0.014)	(0.018)	(0.020)
家庭劳力比例	−0.238 ***	−0.155 ***	−0.235 ***	−0.157 ***	−0.134	−0.194 ***	−0.096	−0.207 ***
	(0.071)	(0.056)	(0.073)	(0.055)	(0.150)	(0.047)	(0.059)	(0.066)
男劳力比例	−0.386 ***	−0.463 ***	−0.398 ***	−0.446 ***	−0.445 **	−0.425 ***	−0.345 ***	−0.472 ***
	(0.082)	(0.070)	(0.085)	(0.068)	(0.174)	(0.057)	(0.070)	(0.083)
log(1+存款利率)	0.574	0.597	0.573	0.599	0.615	0.567	0.568	0.583
	(2.582)	(1.958)	(2.680)	(1.928)	(5.300)	(1.553)	(2.205)	(2.277)
收入对数	−0.077 *	−0.055	−0.075 **	−0.051	−0.109 *	−0.072	−0.074 *	−0.058 *
	(0.041)	(0.058)	(0.035)	(0.033)	(0.065)	(0.054)	(0.041)	(0.312)
略去时间哑元估计结果…								
样本数	3509	4780	3367	4922	1418	6871	4423	3866
adj R²	0.072	0.088	0.073	0.086	0.111	0.075	0.076	0.080
F 值	21.639 ***	38.965 ***	20.116 ***	41.097 ***	8.674 ***	48.596 ***	28.626 ***	26.222 ***

注：*** :1%水平上显著；** :5%水平上显著；* :10%水平上显著，"( )"内数字为 Robust 标准误。

表 4-3 显示出和理论预测与描述统计一致的估计结果，流动性约束对于"约束组"的消费增长率确实存在显著的影响。收入对数的影响在"约束组"中都显著，而对于"非约束组"则满足正交条件（出了极端划分方法的第 4 组，收入造 10%水平上显著）。相对避险系数在 1.65～1.75 的合理范围内，并且都是"约束组"避险系数大于"非约束组"，这一点也与直觉相吻合——穷人更加无力进行跨时安排。但是这个系数的估计值小于 PSID 数据的估计值，PSID 的研究发现的避险系数一般都在 2.5 左右；差别的原因可能主要在于 PSID 估计是通过对食品消费给定效用函数可分性假设得到的，可能高估了消费项目之间的替代弹性产生的结果。

表 4-3 的估计结果对于检验 1 给予了回答：对于"约束组"而言，流动性约束的存在确实违反了 Euler 方程的正交条件，对该组，存在消费对收入过度敏感（Excess Sensitivity）的现象。而对于"非约束组"，则 Euler 方程要求的正交条件成立，并且在不同的流动性约束分组方法上，结论是稳健的。

对于检验 2 和检验 3 的结果列示在表 4-4：

表 4-4 检验 2 和检验 3 的结果(固定效应模型)

模型	分组 1	分组 2	分组 3	分组 4
检验 2				
残差均值	0.012 *	0.022 **	0.013	0.032 ***
单侧检验 p 值	(0.087)	(0.043)	(0.146)	(0.002)
检验 3				
收入对数系数	−0.070 ***	−0.065 ***	−0.092 *	−0.066 ***
t 值	−3.54	−3.06	−1.81	−7.26

注：*** :1％水平上显著；** :5％水平上显著；* :10％水平上显著。

检验 2 的结果是与理论预期相吻合，流动性约束的存在显著提高了"约束组"的平均消费增长率(1.2％～3.2％)；检验 3 的结果显示：收入的增加对于 $\ln(1+\lambda_{it})$ 的影响具有先验的负号，并且估计的系数在统计上显著。当然这仅仅是偏效应的一个近似，并非精确的结论。

上面的估计结果和理论预期都能够很好的吻合，并且在不同分组上的估计结果比较也显示出结论的稳健性。但是表 4-2 和表 4-3 的估计存在两个方面的主要问题：其一，上面的估计暗含的假定都是收入与消费是静态的随机过程，这与现实不太吻合；其二，收入和消费的同时决定问题没有考虑。对于第一点，Deaton(1992)指出，收入的过程设定为趋势静态(TS)和差分静态(DS)对于消费的动态过程具有非常不同的影响，从数据本身来刻画这两种动态的随机过程是否要比事先假定好一些。对于第二点，在宏观数据的处理上，常用的方法是通过 ADL 模型的参数重构进行识别(Flavin, 1981)；而 Shea(1995)则是通过从 PSID 中仔细整理的一套数据，利用劳动合同的约定，生成收入预期变量，剔除收入过程的内生性。从实验意义上说，Shea(1995)的方法更加具有吸引力，但是这种理想 IV 的寻找实践起来非常困难。

我们的数据找不到理想的 IV 来剔除收入的内生性，但是为了解决这两个问题,我们求助于面板数据的动态 GMM 估计方法(Arellano and Bond,1991;Blundell and Bond,1998),通过外生、前定变量和内生变量的滞后项与差分项作为 IV[①]。首先利用不同的滞后期数进行试探性估计,使用 Arellano-Bond test 确定消费与收入的 AR 阶数,经过试探估计,消费和收入的差分滞后阶数都表现出大致的 AR(2)过程;因此确定面板动态阶数等于 2,将收入和滞后因变量设为内生,将 $\ln(1+\lambda_{it})$ 滞后一期设为前定变量进行估计,IV 的 GMM 估计式的结果如下(表 4-5):

表 4-5　流动性约束与农户消费增长率的估计(动态面板 ABB 模型)

解释变量	分组 1		分组 2		分组 3		分组 4	
	约束组	非约束组	约束组	非约束组	约束组	非约束组	约束组	非约束组
	b/(se)	b/(se)	b/(se)	b/(se)	b/(se)	b/(se)	b/(se)	b/(se)
L. log(GC)	−0.333 ***	−0.413 ***	−0.347 ***	−0.405 ***	−0.076	−0.371 ***	−0.407 ***	−0.472 ***
	(0.071)	(0.048)	(0.076)	(0.047)	(0.102)	(0.047)	(0.055)	(0.056)
L2. log(GC)	−0.342 ***	−0.144 ***	−0.317 ***	−0.145 ***	−0.093	−0.159 ***	−0.278 ***	−0.267 ***
	(0.068)	(0.036)	(0.073)	(0.036)	(0.093)	(0.034)	(0.050)	(0.044)
log(1+存款利率)	0.482	0.577	0.450	0.474	0.353	0.706	0.513	0.526
	(9.230)	(6.300)	(9.031)	(6.228)	(12.761)	(5.564)	(7.435)	(6.479)
L. log(1+存款利率)	0.5782	0.290	0.5146	0.295	0.339	0.968	0.327	0.361
	(14.843)	(11.793)	(14.711)	(11.575)	(17.184)	(10.457)	(12.883)	(11.816)
L2. log(1+存款利率)	−7.283	−7.871	−5.258	−9.270	−21.642 **	−0.284	5.092	−5.006
	(8.603)	(6.793)	(8.440)	(6.644)	(9.502)	(5.912)	(7.485)	(6.518)
收入对数	0.079 *	0.065	−0.102 *	0.045	0.051 *	0.023	0.071 *	0.033
	(0.042)	(0.080)	(0.057)	(0.077)	(0.027)	(0.075)	(0.039)	(0.028)
L. 收入对数	0.024	−0.025	0.017	−0.024	0.015	−0.018	−0.021	−0.015
	(0.079)	(0.059)	(0.072)	(0.059)	(0.080)	(0.065)	(0.058)	(0.057)
L2. 收入对数	−0.055	−0.01	−0.008	−0.011	−0.03	−0.012	−0.013	−0.007
	(0.113)	(0.055)	(0.117)	(0.054)	(0.133)	(0.056)	(0.082)	(0.071)

[①] 具体的处理程序较为复杂冗长,且技术难度比较高,有兴趣的读者请参阅文后"参考文献"所开列的有关论文。

户主年龄	−0.024	0.098 ***	−0.016	0.097 ***	0.095	0.090 ***	0.100 **	0.077 *
	(0.050)	(0.035)	(0.051)	(0.033)	(0.067)	(0.031)	(0.045)	(0.040)
户主年龄平方/100	0.020	−0.060 *	0.017	−0.065 *	−0.107	−0.047	−0.058	−0.054
	(0.047)	(0.035)	(0.048)	(0.034)	(0.066)	(0.029)	(0.042)	(0.040)
劳力比例	−0.278 **	−0.369 ***	−0.242 **	−0.368 ***	−0.288 **	−0.328 ***	−0.240 **	−0.414 ***
	(0.111)	(0.085)	(0.110)	(0.085)	(0.132)	(0.078)	(0.098)	(0.093)
男劳力比例	−0.638 ***	−0.676 ***	−0.592 ***	−0.673 ***	−0.725 ***	−0.640 ***	−0.519 ***	−0.701 ***
	(0.121)	(0.107)	(0.123)	(0.105)	(0.157)	(0.093)	(0.109)	(0.114)
略去时间哑元估计结果…								
chi²	191.989 ***	157.443 * **	174.647 ***	163.172 ***	87.414 ***	223.879 ***	252.185 ***	182.13 ***
样本数	2165	3277	2084	3358	869	4573	2773	2669

注：*** ：1%水平上显著；** ：5%水平上显著；* ：10%水平上显著，"()"内数字为稳健标准误，"L"表示滞后算子；Instruments for differenced equation，GMM-type：L(2/.). loggc L(1/.). L2. logr1 L(2/.). L2. loginc_1，Standard；D. hage D. hage2 D. labor D. mlabor；Instruments for level equation，GMM-type：LD. loggc L2D. logr1 L3D. loginc_1。

IV 方法的 ABB 模型的估计和一般的固定效应结果相比，一个直接的后果就是大量滞后项的引入使得自由度降低很快，系数的标准误普遍增加。相对避险系数的均值从 1.7 左右增加到 2.1 左右。对于过度敏感的检验，结果依然清晰的显示出流动性约束农户消费增长率确实起作用，在 IV 估计量下，收入的统计显著性虽然有所降低，但是系数在"约束组"基本都显著（10%水平），而对于"非约束组"不显著，这个结果表明，在考虑了收入内生性问题的情况下，流动性约束导致的过度敏感依然存在。

IV 方法对于检验 2 和检验 3 的估计结果列示在表 4-6：

表 4-6　检验 2 和检验 3 的结果（动态面板 ABB 模型）

模型	分组 1	分组 2	分组 3	分组 4
检验 2				

残差均值	0.035 ***	0.028 ***	0.049 ***	0.064 ***
单侧检验 p 值	(0.002)	(0.020)	(0.010)	(0.000)
检验 3				
收入对数系数	−0.041 *	−0.041 **	−0.049 *	−0.057 *
t 值	−1.92	−2.56	−1.92	−2.68

注：*** ：1％水平上显著；** ：5％水平上显著；* ：10％水平上显著。

表 4－6 的估计结果显示出，IV 方法获得的结果在理论上依然和理论吻合较好。和固定效应模型相比，IV 估计在考虑了收入和消费同时决定的内生性以后，计算的流动性约束对于消费的影响强度几乎增加 1 倍。表 4－6 显示，前两种分组下，流动性约束平均使得消费增加率提高 3％左右，而后两种分组则增加率平均提高 5％左右。残差项对于收入回归的检验 3 的结果也具有理论预期的负号，和固定效应估计相比，IV 方法下约束放松对于 Lagrange 乘子的影响强度要小一些。上述的这些结论暗示，收入的内生性是一个需要认真对待的问题，没有考虑收入内生性的固定效应模型，倾向于高估流动性约束对消费施加的影响。

当然，本文采用的 IV 方法并没有很强的直觉上的吸引力，有些数据挖掘建构 IV 的嫌疑，因此，动态面板的估计仅仅是试探性的结论。我们同时对 4 种分组都做了过度识别的 sargan 检验，发现通过差分构建的 IV 都存在严重的过度识别问题；我们选取完整家庭数据做的面板单位根检验（Sarno and Taylor，1998）的结果显示，我们的样本收入似乎更显示出 1 阶的积分过程，但是证据并不强烈。这两点表明，要更加清晰的认识流动性约束对消费的影响，本文的 IV 方法是非常初步的。

4.3   第 4 章小结

本文利用中国 8 省农户的微观面板数据，检验了农户消费行为的三个理论假说。经验研究的主要发现包括：1. 整体上，中国农户消费行为能够很好的用 PIH/LCH 来刻画，但是流动性约束对消费也有重要影响；2. 对于流动性约束组的农户来说,存在消费的过度敏感现象,而对于非流动约束组而言,则消费行为很好的遵循 PIH 假说;3.根据固定效应模型的估计结果,流动性约束平均使得农户消费增长率提高 1%~2%;4.本文尝试使用动态面板数据进行了 IV 估计,结果表明,收入的内生性可能会使得标准的固定效应模型产生对流动性约束的影响产生高估。

本章的经验研究是建立在 Zeldes(1989a)的开创性论文基础之上进行的。和国外的研究者类似,我们也发现了强烈的和总量数据计量不同的结论——流动性约束的 PIH 假说能够很好的刻画中国农户的消费行为。与已有的研究相比,本文的优势主要在两个方面:其一,我们的数据基于年度的农户记账基础,测量误差和外推问题得到有效改进,并且我们的数据包含有全部消费项目,避免了 PSID 需要对函数进行的强可分性假定;其二,1995 年以后,面板数据的动态估计技术发展很快,这为更加有效的处理微观基础上的消费函数提供了有力的工具,本文能够尝试性的使用动态面板数据进行 IV 处理,力图克服收入内生所带来的影响。当然这一领域本身也还处于高速发展的时期,很多工具要求的样本较大,并且估计量仅仅是渐进有效,因此还不能提供可靠的结论。

在我们的估计中,两个可能存在的问题是:第一,测量误差问题,我们的因变量是净消费的对数差分,其均值为 0.145、标准差为 0.348,离散程度太大,可能存在测量误差。进一步的研究可以考虑使用"现金消费"作为 IV 改进估计;第二,财富内生性问题,这一点比前一个问题严重得多。如果存在财富内生的话,则产生"内生分组标志问题",会导致估计的严重有偏(Wooldridge,2002)。

回应本章开头提及的"现阶段消费问题引起重要的关注"这样一个话题,我们在检索文献的时候,一个感觉就是在消费领域,国内研究缺失的环节太多,在需要面对现实问题的时候,这种缺憾显露无疑。本文目标是为补充这些缺失环节而做点努力,而不是马上给出政策含义。正如 Deaton(1992)指出的,严肃地理解消费应该从微观基础入手,用"代表性消费者"处理总量数据的结果是远远不够的。

第5章 村庄与农户消费保险

国家发改委(2007)在《上半年就业、收入分配和社会保障形势分析及建议》报告中指出:"城乡居民收入继续保持较快增长,城乡差距仍然较大。上半年,城镇居民家庭人均可支配收入 5997 元,同比实际增长 10.2%,增速同比提高 0.7 个百分点。农民人均现金收入 1797 元,同比实际增长 11.9%,增速同比下降 0.6 个百分点。城乡居民收入差距仍然较大"。值得注意的是,伴随收入增长缓慢,中国农户的收入还面临极大的风险,并且很多地区不存在有效的农村保险市场,或者这些市场运行功能不完备。为了管理风险,农户不得不选择相对收益波动不大(但是利润也小)的生产方式,而且在面临风险冲击的时候,贫困家庭越发显得脆弱。这样,收入波动风险就是一个同时涉及效率和公平的问题。因此,农户如何应对风险,来维持消费水平不出现太大波动,防止因为风险冲击致贫是新农村建设当中一个重要的现实问题。本文所述的"消费保险(Consumption insurance)"就是指农户是否能够有效应对收入风险,通过在一定范围内(村庄)的非正式制度安排,平滑掉单个农户消费的波动。

平滑消费行为大致可以从两个视角观察:第一,消费者通过跨期选择行为,在时间维度上平滑消费,消除收入波动;第二,消费者通过保险市场分散风险,在空间维度上化解收入波动对于消费的影响。因为发展中国家的农村地区普遍缺乏正式的保险市场,因此发展经济学的文献集中关注于农户通过非正式的制度安排(例如非正式借贷、馈赠、联姻等)来实施消费保险的问题(Besley,1995;Morduch,1995;Paxson,1992;Ravallion and Chaudhuri,1997;Rosenzweig,1988;Townsend,1994;Townsend,1995)。这些研究发现:农户能够有效的利用非正式保险机制来平滑消费,但是不同收入水平的家庭平滑消费的能力很不相同。基本上,经验证据拒绝了全部样本层面上的完全保险假定,其表现出的往往是在村庄层面的部分保险,并且富裕群体的消费平滑程度普遍高于贫困家庭。本文主要关注第二个视角的问题,即消费保险。

为了清晰起见,在本文中我们使用"消费保险"一词刻画消费的空间维度上的平滑,而用"消费平滑"一词专指消费在时间(生命周期)维度上的平滑。

国内已有的研究对于农户消费保险关注不够。国内学者早期对于消费的研究,偏重于使用宏观数据的时间序列建模(孙凤,2002;贺菊煌,2000;龙志和、周浩明,2000)。近年来,国内学者在微观层面上的消费研究,也逐渐开始关注农村家庭的消费和储蓄行为,近期两个代表性的成果包括曹和平(2002)和罗楚亮(2006)利用微观面板数据对农户预防性动机和消费保险分散的研究。但是罗楚亮的研究使用的数据本质上是截面数据,利用回忆补充的短期面板,存在测量误差和一些关键变量依靠平均数代替的问题;曹和平的研究样本不够大,时间跨度也仅有 5 年①,并且在处理的时候没有充分考虑 Cohort 数据结构的一些特殊性(Deaton,1997)。甘犁等(2007)测算了村庄选举对农户消费风险的作用,我们则更加关注现有的农户消费风险异质性和贫困人群的风险脆弱性问题。

本文利用来自中国 8 省农村的一个大型微观面板数据库(跨度为 1995－2002 年,以下简称"RCRE"数据),对中国农户的消费保险进行经验研究,主要侧重于对不同收入阶层人群和不同发达程度区域之间的比较。RCRE数据包含有完整的资产和消费细目,时间跨度也较长,可以很好的弥补已有研究的缺憾。本文下面的论述分为三个部分:第 1 部分是理论框架和数据介绍,以及基本的描述统计;第 2 部分是计量模型与估计结果;最后的第 3 部分为结论与评述。

---

① 样本是江苏句容县每年 100 个农户,从 1995－1999 年的 Pseudo-Panel 数据。

5.1 理论框架和数据介绍

首先假定在某一个时点上,一个相互保险的群体仅仅面临收入风险这一种风险。收入风险分为两类:单个家庭的个别风险(Idiosyncratic risk)和这个群体面临的共同风险(Aggregate risk)。保险群体最大化一个按照福利加权的期望效用函数(Townsend,1994),在一定的假设条件下[①],这个群体内单个家庭在时间上获得完全保险的一阶必要条件表为式(5.1):

$$w_i u'(c_{it}) = \lambda_t \tag{5.1}$$

式(5.1)中,w_i 表示非时变的家庭 Pareto 福利权重,$u'(c_{it})$ 表示边际效用函数,c_{it} 为单个家庭 i 在时间 t 上的消费,λ_t 表示时间 t 上群体面临总资源约束的 Langrage 乘子。为了计量操作化,根据 Jalan and Ravallion(1999)的框架,给定效用函数为常绝对避险系数(CARA)的式(5.2):

$$u(c_{it}) = (-1/\sigma)\exp(-\sigma c_{it}) \tag{5.2}$$

在式(5.2)中,σ 为 Arrow-Pratt 绝对避险系数,将式(5.2)带入式(5.1),一阶条件化为式(5.3):

$$c_{it} = (\ln w_i - \ln \lambda_t)/\sigma \tag{5.3}$$

对式(5.3)右边进行加总并且离差化,得到式(5.4):

$$c_{it} = \bar{c}_t + (\ln w_i - \sum_j \ln w_j / N)/\sigma \tag{5.4}$$

在式(5.4)中,$\bar{c}_t$ 在时期 t 上,N 个家庭组成群体的平均消费(组平均消费)。式(5.4)的一个关键结论是单个家庭消费与群体消费的离差为一个跨时的常数。式(5.4)给出了明确的经验研究含义:如果存在群体的完全保险,则在控制了群体的平均消费以后($\bar{c}_t$ 包含了对整个群体的共同风险冲

---

① 通常包括消费和闲暇的效用函数可分性、效用函数在状态和时间上加性可分、主观时间偏好率为常数。

击),单个家庭的消费不受这个家庭在个别风险冲击下的影响,也就是在群体的空间维度上平滑消费[①]。式(5.4)的结论在常相对避险函数(*CRRA*)形式下也依然成立(Townsend,1994),本文采用绝对避险的效用函数有一个优势在于:即便个别风险冲击改变了家庭当期的效用函数(例如疾病),式(5.4)的结论也依然能够成立,并且计量上更容易操作。

本文的研究基于中国8省1420个农户的面板数据集,这个数据集的抽样范围是中国农业部的农村固定观察点(RCRE)。因为农业部固定观察点已有的数据包含丰富的家庭人口经济变量,但是没有包含个人信息,所以北京大学中国经济研究中心与农业部合作,对于样本农户家庭成员1987~2002年期间的个人情况进行回溯调查。回溯调查获得的个人数据与农业部固定观察点已有的家庭数据进行合并,形成本文研究最终使用的微观面板数据集。

消费保险(空间上的消费平滑)的核心思想在于:家庭消费没有必要跟随家庭收入。但是,已有的研究指出,这种消费保险对于不同的收入阶层人群是不一样的,富裕人群更有可能保险程度更高一些,穷人则消费保险程度较低。这里存在两个可能的原因:第一,"富人"周围也都是"富人"的情况居多,并且经济发达的地区,保险市场发育相对较好一些;第二,富裕人群本身受到的流动性约束要小一些,更能依靠自身的力量在生命周期内平滑自己的消费(Zeldes,1989)。因此在一定程度上,富裕人群更容易表现出消费不需要跟随收入的特征,而穷人相对来说,其消费跟随收入较紧。为了检验这种异质性(Heterogeneity)问题,我们使用两种分组方法划分全部样本:按照初始财富划分5等分组、按照东中西部划分为3组。使用初始财富分组是为了避免内生分组标志产生的估计偏误问题。我们将财富定义为生产性固定资产、生活性固定资产、房屋原值、手持现金、存款、证券、对外投资与借出款的合计。按照财富5等分组的可比价格家庭收入和家庭净消费的比较显

[①]　一个形象化的理解就是,设想在一个家庭里,收入完全共享的话,则单个家庭成员的消费和他的收入风险没有关系(个人收入的波动仅仅通过家庭平均收入产生影响);例如孩子不挣钱,但是依然能够保持消费水平。

示在图 5-1。

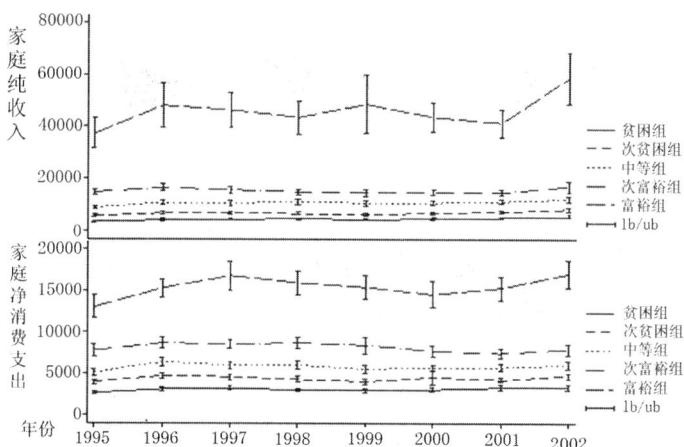

注：线图的上下 bar 分别是 95％置信区间的上下界。

图 5-1 财富 5 分组的收入与消费比较

图 5-1 的比较显示出按照初始财富 5 分组恰当地表达了收入和消费的异质性，无论收入还是消费，5 个组别的置信区间很少相交，表明了这种分组的收入和消费差别在统计上显著（5％水平）。关于 5 个组别收入和消费的关联程度使用散点绘制在图 5-2。

正如理论预期的结果，散点图显示出随着财富增加，在空间维度上，消费越加显示出不跟随收入，在"富裕组"和"次富裕组"消费对于收入的斜率越来越小；而在"贫困组"和"次贫困组"，消费则几乎按照 1∶1 的比例跟随收入（回归线非常逼近 45°线）。按照东中西部分组方法的结果，同样显示出与财富 5 分组一致的模式：较为富裕的东部地区，农户消费对收入跟随较少，而相对贫困的西部地区，农户消费紧密跟随收入（图 5-3）。

图 5-2 和图 5-3 直观地揭示出了不同收入组的消费保险异质性，因为每个点在横轴上代表收入不同的家庭，从中截取一个"片段"进行观察，在富裕的组别中，不同收入水平的农户消费水平上相差不大，而在贫困组别中，农户的消费水平和自身的收入水平关联紧密。这个结果初步表明：完全消费保险在富裕组近乎达到，而在贫困组偏离较多。固然，完全消费保险的理论

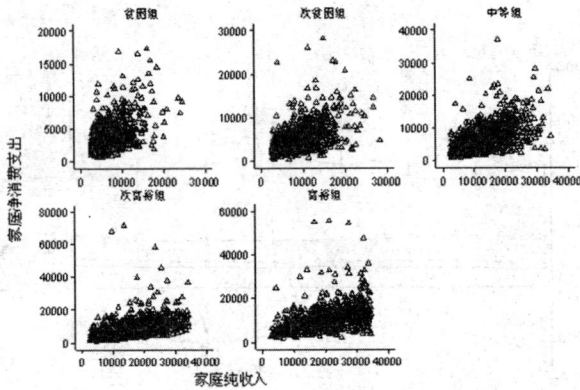

注:为了图示的清晰,去掉了高低各5%的收入异常值家庭。

图 5-2 财富 5 分组的家庭收入与家庭消费关联情况

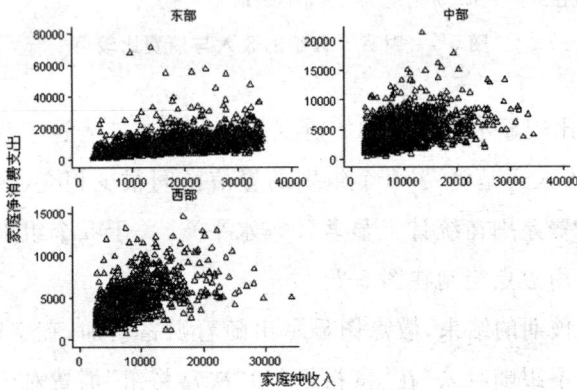

注:为了图示的清晰,去掉了高低各5%的收入异常值家庭。

图 5-3 按照地区分组的家庭收入与家庭消费关联情况

预期仅仅提供的是"参照系",在现实中,我们通过经验研究需要得出的结论是对这种理想状态的偏离程度究竟有多大。

当然,图 5-2 和图 5-3 提供的描述统计结果是非常粗线条的,主要原因是没有控制不同时间的总量冲击,也没有具体的划分消费风险分担(Risk Pooling)可能的群体。对于本节理论框架的严格检验,还需要借助正式的计量模型。

5.2 消费保险的计量模型及其估计结果

我们很难设想相隔千里的"甲村"与"乙村"之间,农户能够相互借贷来缓解风险,起码现阶段不存在大范围的农业保险公司的情况下,非正式制度安排的风险分担只可能是局部范围的。村庄是一个农村地区自然的共保单位,村庄农户之间相互熟悉,可以有效的避免通常信贷市场的"信息不对称"和"逆向选择"问题,因此我们设想村庄内部之间的非正式信用可能是农户相互保险的一种有效机制(Ravallion and Chaudhuri,1997),所以我们考虑检验村庄内部的消费保险程度。农户面临的收入风险分为两类:其一,单个农户面临的个别风险(例如疾病);其二,整个村庄农户面临的共同风险(例如水灾)。根据式(5.4)的框架,建立计量模型式(5.5):

$$\Delta c_{it}^v = \sum_{jk} \beta_{jk} Dummy_{it}^v + \boldsymbol{\beta}_y \boldsymbol{\Delta} \boldsymbol{y}_{it}^v + \beta_n \Delta n_{it}^v + \Delta \varepsilon_{it}^v \tag{5.5}$$

在式(5.5)中,上下标 i,t,v 分别表示农户、时间和村庄,Δ 为差分算子[①];c 表示农户家庭纯收入,n 表示家庭规模(家庭常住人口数),用来刻画效用函数的特征(Deaton,1992),$\varepsilon \sim iid$ 为随机扰动项,诸 β 为待估参数。需要重点说明的是一组哑元 $Dummy$,$Dummy$ 设定为时间和村庄交互项哑元,有
$$\begin{cases} Dummy=1 & \text{when} \quad j=v \quad \text{and} \quad k=t \\ Dummy=0 & \text{otherwise} \end{cases}$$
,这样设定,相当于用 $Dummy$ 同时控制了村庄和时间两个维度上的共同冲击,捕捉的平均收入变化和其他固定效应是 v 村 t 年的异质性,这种处理等价于对差分方程式(5.5)做一个 two-way 的固定效应模型,其 Within 变换是村庄和年份二维空间上的组内变换[②]。由于式(5.5)估计的是差分方程,暗含已经消掉农户的异质性,包括影响家庭效用函数的其他变量。我们的样本有 48 个村、8 年时间跨度,

---

① 很多研究的设定为对数差分形式,但是经过比较,水平差分和对数差分二者估计结果差异不大。

② 可以理解为:设定可以时变的村异质性。

因此产生的哑元数目是 48×8＝384 个交互项哑元。

　　根据理论框架,如果存在村内的完全保险,则控制了 $Dummy$ 以后有 β_y ＝0,因为农户消费变化不随其收入变化波动,进而如果存在全部样本农户的完全保险,则不控制 $Dummy$ 也有 β_y ＝0 存在;Δy 是本文关注的关键变量,β_y 是关键参数。上节描述统计揭示了在不同的收入阶层人群和地区可能存在不同的消费保险水平,因此,对于式(5.5)分别估计不同的财富分组和地区分组结果以对其进行比较,结果参见表 5-1:

表 5-1　农户收入变化对消费变化的影响

指标	不含交互项哑元组			含交互项哑元组		
财富分组	收入系数	稳健标准误	t 值	收入系数	稳健标准误	t 值
贫困组	0.459 ***	0.071	6.477	0.459 ***	0.065	7.043
次贫困组	0.316 ***	0.065	4.867	0.346 ***	0.066	5.225
中等组	0.325 ***	0.041	7.470	0.318 ***	0.041	7.750
次富裕组	0.271 ***	0.045	5.986	0.270 ***	0.045	5.960
富裕组	0.116 ***	0.036	3.264	0.112 ***	0.035	3.164
区域分组	收入系数	稳健标准误	t 值	收入系数	稳健标准误	t 值
东部	0.123 ***	0.036	3.449	0.118 ***	0.035	3.344
中部	0.265 ***	0.029	9.026	0.265 ***	0.029	8.667
西部	0.383 ***	0.046	8.350	0.372 ***	0.047	7.960

　　注:*** :1% 水平上显著;** :5% 水平上显著;* :10% 水平上显著;略去方程的其他参数结果,"含交互项哑元组"全部方程的 $Wald$ 检验结果显示:全部交互哑元在统计上联合显著(1% 水平)。

　　为了清晰起见,表 5-1 仅仅列示了关键系数 β_y。估计结果显示:在所有组别上,模型都一致拒绝了完全保险的假说,并且在全部样本层面上和村庄层面上都是如此,这与理论预期相符。已有的研究结果与上节的描述统计结果一致,低收入阶层的消费保险程度较小,他们的消费波动和自己的收入波动之间联系更加紧密一些。最为富裕的组别有 90% 的收入波动风险可以被保险,而最为贫困的组别仅有 55% 左右的收入波动可以被保险。

　　比较是否包含哑元的两组回归结果发现,控制村、时间总量冲击哑元以后,消费的保险程度在各个组别似乎都有一定程度的提高,但是提高的比例并不大,对于贫困组来说更是如此。但是统计检验发现,村、时间固定效应对于消费波动解释力很强(联合检验都在 1% 的水平上显著)。为了检验结果的稳健性(Robustness),我们同时做了剔除收入上下 5% 异常值的回归,结果基本相同。

表 5-1 的估计结果可能存在内生性的问题,就是式(5.5)中 $\varepsilon \sim iid$ 的条件不能成立,这主要体现在两个方面:第一,收入的内生性。农户可能通过收入的平滑来应对消费波动问题,例如转为种植风险较小的作物、多元化经营等,这些行为导致收入存在内生性。Morduch(1995)指出,这种收入平滑对于消费的波动的确有平滑作用,而已有研究对其重要性关注不够;第二,家庭规模(常住人口)可能在长期来说也是内生的。例如其家庭成员外出就业或者暂时到亲戚家居住等。我们的样本跨度较长(8 年),因此严肃的考虑内生性的问题,克服估计偏误是必须的。

我们使用 IV 方法处理收入和家庭规模的内生性,利用本户滞后的收入和家庭人口数水平值作为工具变量,剔除 Δy 和 Δn 的内生性。考虑到不平衡面板数据的问题,为了不让样本删失太多,我们各取 4 期的滞后值,这样在式(5.5)中严格外生变量仅剩哑元组 $Dummy$。我们采取的方法是 Arellano and Bond(1991)的动态面板数据 GMM 方法[1],因为使用收入的滞后项作为 IV,所以对于式(5.5)的 GMM 估计同时也等价于根据 PIH/LCH 假说,对农户消费变化的鞅过程(Martingale)进行检验。

首先,仅将收入差分设为内生变量进行估计,利用滞后 4 期的收入水平值作为 IV,估计结果列示在表 5-2。

---

[1] 具体的技术细节非常复杂,在此不做赘述,有兴趣的读者可以参考文后所列的 Arellano and Bond(1991)论文。

表 5-2　农户收入变化对消费变化的影响（收入内生设定）

指标	不含交互项哑元组			含交互项哑元组		
财富分组	收入系数	稳健标准误	t 值	收入系数	稳健标准误	t 值
贫困组	0.384 ***	0.154	2.497	0.401 ***	0.135	2.976
次贫困组	0.308 ***	0.123	2.499	0.336 ***	0.099	3.394
中等组	0.260 ***	0.091	2.869	0.260 ***	0.080	3.250
次富裕组	0.291 **	0.129	2.245	0.269 ***	0.099	2.717
富裕组	0.122 *	0.073	1.669	0.118 *	0.064	1.841
区域分组	收入系数	稳健标准误	t 值	收入系数	稳健标准误	t 值
东部	0.120 *	0.071	1.683	0.124 *	0.073	1.692
中部	0.257 ***	0.060	4.251	0.235 ***	0.054	4.386
西部	0.368 ***	0.101	3.655	0.320 ***	0.097	3.299

注：*** :1％水平上显著；** :5％水平上显著；* :10％水平上显著；略去方程的其他参数结果，"含交互项哑元组"全部方程的 Wald 检验结果显示：全部交互哑元在统计上联合显著（1％水平）。"稳健标准误"指采用 Two-step 方法校正了异方差和 AR(1) 的标准误。Hansen-Sargan 过度识别检验都不拒绝零假设（5％水平上）。

　　表 5-2 的结果显示，在控制了收入内生性以后，富裕人群与东部人群的收入系数都仅仅只在 10％的水平上显著。和表 5-1 的结果对比，在控制收入内生性以后，几乎各个收入组别的收入系数都有所下降。事实上，这种系数的降低很大程度上体现的是农户自身通过收入平滑来应对消费波动的努力，对于最为贫困组别来说，本来收入波动对于消费的影响有 46％没有分散，在农户自身平滑了收入以后，这种波动降低到了 40％，通过自身收入调整的努力，农户缓解了收入冲击的 6％左右；对于富裕组和东部组别来说，这种调整的结果是降低了系数的显著性，几乎处于不拒绝完全保险假设的边缘。但考虑到我们处理 IV 的方法是 GMM 估计量，统计推断属于大样本渐进性质，可能容易产生标准误的膨胀问题（表 5-2 与表 5-1 对比，对应的标准误几乎都增加了 1 倍以上）；我们谨慎的使用 Hansen-Sargan 检验对 IV 的过度识别进行检验，结果不拒绝 IV 都是有效的零假设。我们使用滞后变量做 IV，还同时校正了序列相关问题，但是分组估计，特别是控制大批哑元

以后,自由度可能还是一个问题(Hansen,et al. ,1996)。

表 5-2 的估计结果考虑了收入调整的问题,进而同时考虑克服家庭规模内生性的问题,利用滞后 4 期的收入水平值和家庭规模作为 IV,这样过度识别检验的结果就是对 6 个冗余工具的 Hansen-Sargan 检验,估计结果列示在表 5-3:

表 5-3　农户收入变化对消费变化的影响(收入与家庭规模内生设定)

指标	不含交互项哑元组			含交互项哑元组		
财富分组	收入系数	稳健标准误	t 值	收入系数	稳健标准误	t 值
贫困组	0.364 **	0.149	2.433	0.379 ***	0.127	2.975
次贫困组	0.298 ***	0.117	2.535	0.339 ***	0.096	3.537
中等组	0.270 ***	0.084	3.228	0.292 ***	0.074	3.976
次富裕组	0.318 **	0.128	2.478	0.262 **	0.099	2.659
富裕组	0.127 *	0.082	1.550	0.126 *	0.078	1.624
区域分组	收入系数	稳健标准误	t 值	收入系数	稳健标准误	t 值
东部	0.123 *	0.071	1.723	0.132 *	0.077	1.725
中部	0.239 ***	0.058	4.138	0.233 ***	0.051	4.546
西部	0.353 ***	0.096	3.661	0.413 ***	0.091	4.533

注:*** :1%水平上显著;** :5%水平上显著;* :10%水平上显著;略去方程的其他参数结果,"含交互项哑元组"全部方程的 Wald 检验结果显示:全部交互哑元在统计上联合显著(1%水平)。"稳健标准误"指采用 Two-step 方法校正了异方差和 AR(1)的标准误。除了"中部含交互哑元组"以外,Hansen-Sargan 过度识别检验都不拒绝零假设(5%水平上)。

在进一步控制了家庭规模内生性问题以后,收入系数的估计结果改变不大,这与直觉是吻合的,短期内,农户自己的调整还是以改变收入结构为主,长期的家庭规模调整毕竟发生较少。在样本全部区间内,家庭常住人口数一阶差分均值为 -0.04,是非常小的值。并且我们的 IV 也是普遍有效的,这些迹象表明我们的估计结果是稳健的。估计结论一致拒绝了村庄内农户消费完全保险的假设,和理论预期相符,估计结果呈现清晰的模式:收入越低的人群在面对风险的时候越脆弱;低收入农户约有 40%的收入波动传递到消费上,而最高收入农户仅有 10% 左右的收入波动没有被化解。对比表 5-1 的结果,低收入农户通过收入平滑与人口变动,总共提高的风险缓解水平在 10% 左右。

与 Jalan and Ravallion(1999) 的研究相比,我们样本获得的估计结论是:农户的抗收入风险水平比 20 世纪 90 年代初略有提高。Jalan and Ravallion 利用国家统计局西部三省和广东省 1985~1990 的面板数据也是采取 IV 方法,估计结果显示最高收入组的系数为 0.12,最低收入组的系数为 0.41(t 值为 4.61);我们的估计结果是最低收入人群系数略有降低(0.379),并且最高收入组系数显著水平降低(t 值小于 2[①])。甘犁、徐立新、姚洋(2007)利用同样数据集估算的全部样本收入系数在 0.30~0.35 之间,并且统计上非常显著,但是他们的研究没有剔除收入和人口内生性问题。我们估计全部样本的收入系数(收入、家庭规模外生设定)的系数为 0.285,在 5% 的水平上和甘犁等的估计结果没有差异;我们使用收入、家庭规模内生设定的估计结果是 0.257,考虑收入平滑和人口调整因素,则农户的消费保险水平提高了 3 个百分点。

5.3 第 5 章小结

本文利用来自中国农村 1995—2002 年,共 1420 户的面板数据估计了不同收入人群通过非正式制度安排应对收入风险的效果。经验研究的结果包括:1.中国农户无法通过现有的、非正式制度安排化解全部的收入风险,并且所有的收入组别都是如此;2.收入越低的人群在面对风险的时候越脆弱。低收入农户约有 40% 的收入波动传递到消费上,而最高收入农户仅有 10% 左右的收入波动没有被化解;3.低收入农户通过收入平滑与人口变动,总共提高的风险缓解水平在 10% 左右,而高收入人群的收入平滑手段不明

———————————

① 当然他们使用的是人均指标,我们则考虑家庭规模经济存在的可能性,使用家庭总合指标;并且他们的消费包括耐用品和服务,而我们则使用仅仅产生当期效用的"净消费"口径。因此这种对比仅仅是参考性的。

显。

本文的结论具有两个方面的现实含义:第一,公平意义。World Bank (2001)总结了大量的研究结果之后指出:贫困不仅是指收入水平较低,它还体现在面对风险时的脆弱性(Vulnerability),贫困人群面对风险较多,但是又无力借贷。本文的研究清晰的证明,在现有的非正式制度安排下,贫困农户能够应对的风险是有限的,他们在风险面前是最为脆弱的,他们对于保险计划的安排是最为需要的。因此,能够有效瞄准穷人的信贷、农业保险等安排,从公平和反贫困意义上而言是必须的;第二,效率意义。Morduch (1995)给出了一个简明的风险福利损失计算公式:福利损失=0.5×相对风险规避系数×收入的变异系数平方,按照相对风险规避系数=2、收入的变异系数=0.40的合理值推算结果表明:农户愿意放弃16%的收入来维持消费水平。换言之,在不确定性的世界中,高出贫困线以上16%收入水平的农户在收入波动来临的时候随时可能陷入贫困。为了应对风险,农户可能必须调整收入的结构(收入平滑),以利润的损失换取收入的稳定,进而导致效率的损失(例如多样化经营丧失的专业分工优势)。而贫困农户面对风险更加脆弱,更有可能通过收入平滑手段来平滑消费,就容易损失潜在的利润。本文的结论也通过消除内生性估计的比较揭示了这一点。因此收入平滑可能在动态意义上又拉大了收入的差距,在效率损失的同时导致了不平等的加剧。这两个部分的损失,还没有包括大量文献已经指出的:农户不能有效平滑消费所导致的孩子营养与教育方面人力资本投资不足的长期损失。

但是,上面福利损失的计算方法没有同时考虑消费者通过储蓄和借贷跨时平滑的可能性,Newbery and Stiglitz(1981)证明,只要消费者能够按照利率 r 来进行借款平滑消费,则上面第一项风险贴水就会变为原来的 r 倍,即消费者如果能够以 10%的年利借款,上述风险贴水降低为 16%×10%=1.6%。而在大多数情况下,穷人很难从正式渠道借款,因为缺乏资产抵押,也很难从非正式渠道获得融资。相比之下,富裕人群能够借款平滑消费的话,没有必要付出更多的风险贴水进行收入的平滑;这也就是在我们的回归结果中,控制收入内生性为什么对贫困组收入系数改变显著,而对富裕组则不然的一个可能解释。所以,在贫困农户无法有效通过非正式制度安排化解收入风险的情况下,提供针对他们的正式制度安排是新农村建设中同时具有效率和公平意义重要举措[①]。

国内研究对于农户风险应对的效率和公平问题关注不够。本文的理论含义在于补充了国内文献的不足,并指出了风险管理在反贫困政策中具有不可忽视的重要意义。本文介绍的理论框架可以很容易的拓展,分析个别风险的管理措施对于农户平滑消费的影响。当然,本文对于收入平滑的作用估计是非常间接的,"收入平滑"本身就是需要进一步认识的重要领域。

本文的工作仅仅是估计了不同收入群体现有的风险分散水平,具体的传导环节和作用机制期待后续的研究予以关注,甘犁等(2007)的研究发现:村庄选举对于提高农户消费保险水平具有显著作用,当然,这仅仅是一种机制。目前推广的"新型农村合作医疗制度"对于农户风险的分散可能又是另一种机制,当然对其成本和收益,目前还缺乏系统的评估。从这个意义上说,本文的另一个主要目的是"提出问题"。

---

① 干预措施的成本收益和效果如何? 传统保险市场的道道风险、逆向选择、信息不对称等问题是否会侵蚀干预项目的效果⋯⋯这些问题非常重要,但又不是本文能够回答的。

第 6 章 持久收入与农户储蓄

发展中国家的农户往往要面对很多的风险,那些绝大部分收入依靠农业的家庭,情况更是如此。农业本身就受气候、灾害、降水等因素影响较大;并且家庭成员的健康状况、价格波动等也都会导致农业收入起伏不定。更为严重的是,贫困地区的农户没有足够的资产抵御风险,这些地区缺乏有效的信贷市场,农户往往不能够通过正式制度的安排,以借款来抵御暂时性收入的下降。在这种情形下,农户的风险应对(Risk Coping)措施集中于两个方面:第一,通过非正式的制度,依靠亲戚、朋友、邻居之间的借贷平滑消费;第二,通过自身的储蓄行为平滑消费(Alderman and Paxson,1992)。在现实中,储蓄手段往往发挥首要的作用,储蓄行为决定于农户跨时消费平滑的最优化策略。因此西方主流经济学界从 Hall(1978)的开创性论文开始,对于储蓄行为的研究集中于跨时消费平滑;也就是说,储蓄就是未来的消费。本文基于标准的消费理论,研究中国农户的储蓄行为。

从 Hall(1978)的论文开始,大量的研究对于使用汇总数据研究储蓄和消费的方法产生质疑;储蓄与消费行为的理论来源是"持久收入假说"(Permanent Income Hypothesis,以下简称"PIH")和"生命周期假说"[1](Life Cycle Hypothesis,以下简称"LCH"),二者本质上描述的都是家庭或者个人行为,利用汇总数据检验微观理论需要施加若干不切实际的假定。也就是说,基于"代表性消费者"的宏观经验证据对于理解微观储蓄和消费行为没有太大

---

① PIH 和 LCH 虽然强调的侧重点有所不同,但表达的实质内容一致,因此本文不加区分的使用这两个名词,具体讨论可以参见 Deaton, A. , Understanding Consumption, 1992, Clarendon Press, Oxford.

帮助(Deaton,1992)。从 Campbell and Deaton(1989)开始,西方经济学家集中于利用 PIH/LCH 的分析框架研究储蓄,并利用微观面板数据取得了大量成果,一个完整的综述可以参见 Browning and Lusardi(1996)的论文。

到目前为止,对发展中国家农户微观储蓄行为的研究也取得了大量成果(Deaton,1997;Gersovitz,1988;Rosenzweig,1988)。特别值得参考的是 Paxson(1992)的工作,Paxson 利用泰国的三个横截面数据,通过地区降水量指标构建储蓄模型,检验了泰国稻作农户的储蓄行为是否符合 PIH/LCH;研究发现,农户并没有完全遵循 PIH/LCH 的预期,没有储蓄全部的"暂时性收入";并且"预防性储蓄"和"流动性约束"对于农户储蓄行为具有显著的影响。此项研究提供了很好的出发点,特别是在消费理论对于农户储蓄行为影响的经验研究方面,提供了利用宏观数据链接微观独立截面数据构建模型的思路。但是这个研究存在两个方面的问题:第一,Paxson 假定降水量影响收入而不影响消费,从而作为识别收入方程与消费方程的 IV。这一假定忽视了农户已经掌握降水规律,从而平滑收入的可能,因此不能保证正交条件的成立(Morduch,1995);第二,利用地区指标解释单个农户收入,噪音和测量误差太大,产生系数水平的过度显著和残差项无法解释的问题。当然,其中也有数据不够充分的原因。

国内学者的早期工作,也是侧重于利用汇总数据对储蓄行为进行的研究(孙凤,2001;2002;贺菊煌,2000)。万广华等(2003)和曹和平(2002)的两项研究开始利用微观数据对农户储蓄进行分析,这些成果为理解中国农户的储蓄行为提供了初步的经验证据。但是,这些研究还存在着一些不足之处;例如,万广华等(2003)没有对农户收入进行建模,暗含的假定是:收入为外生的变量,这是不能令人满意的;对此,Browning and Lusardi(1996)总结道:对于收入,甚至收入随机过程内生性的考虑是必须的,并且这是自1980 年代以来,消费研究领域最为重要的进展之一;曹和平(2002)的研究考虑了收入建模,利用 ARIMA 方法进行收入随机过程的刻画。但是,曹和平利用的数据仅仅是江苏句容县 100 户、跨度 5 年的 pseudo-panel 数据,如此少的数据点,利用参数方法并不能保证收入建模的稳健性。

鉴于农户储蓄行为的重要理论及其现实意义以及已有研究的不足,本文利用来自中国 8 省农村的一个大型微观面板数据库(跨度为 1995—2002年,以下简称"RCRE"数据),通过非参数化的收入建模方法研究中国农户的储蓄行为,并对 PIH 进行检验。本文下面的论述分为三个部分:第 1 部分是理论框架与数据介绍,包括对"储蓄"的不同测量;第 2 部分建立正式的储蓄计量模型并报告估计结果;第 3 部分为结论与评述。

6.1 理论框架与储蓄定义

本文的理论框架主要来自于 Deaton(1992)和 Hall(1978)的研究。首先,定义农户在预算和资产演进 2 个约束条件下,最大化一个跨时可加效用函数,表为式(6.1):

$$\max \sum_t \delta^t u(c_t, \theta_t)$$
$$\text{subject to} \begin{cases} c_t + N_t = y_t + A_t \\ A_{t+1} = R_{t+1}(A_t + y_t - c_t) \end{cases} \tag{6.1}$$

式(6.1)中,下标 t 表示时间;$u(\cdot)$ 表示定义良好的家庭效用函数,δ 是主观贴现因子,c 为家庭消费,θ 为家庭的偏好特征向量;在约束条件中,N 为投资,y 和 A 分别表示劳动收入和资产存量,$y+A$ 表示手持现金概念,即可以用于消费和投资的全部资源;R 是市场利率 r 加 1 之和。

利用 Bellman 方程对式(6.1)进行标准的递归求解,将 t 期问题分解为序贯的两期问题加以处理,定义 $V_t(A_t)$ 是两期问题的值函数,写成式(6.2):

$$V_t(A_t) = \max_{\{c_t\}} [(u(c_t, \theta_t)] + \delta E_t V_{t+1}(R_{t+1}, N_t) \tag{6.2}$$

式(6.2)中,E 表示期望算子。对式(6.2)求其一阶条件,并应用包络定理,可得 $u'(c_t) = V_t'(A_t)$,两边使用前移算子一期,并且代入式(6.2)的一阶条件。同时假定:利率是非随机外生给定的,利率与主观贴现率相等两个条件来简化分析,可得式(6.3):

$$u'(c_t, \theta_t) = Et[u'(\tilde{c}_{t+1}, \theta_{t+1})] \tag{6.3}$$

式(6.3)就是标准跨时最优化一阶条件——Euler 方程。基于两个简化假定:第一,暂时忽略家庭偏好特征 θ;第二,家庭效用函数 $u(\cdot)$ 取二次函数形式;式(6.3)就简化为标准 PIH 之确定性等价(即:Certainty-Equivalence models,以下简称"CEQ"),式(6.3)化为 $E_t(c_{t+1}) = c_t$。给定消费者遵循理性预期,则有式(6.4):

$$c_{t+1} = c_t + u_{t+1} \tag{6.4}$$

式(6.4)中,u_{t+1} 表示鞅差分,它与任何预测 c_{t+1} 的变量都正交;式(6.4)将消费表示为了一个鞅过程(Martingale),文献中经常不太严格的将其说成"消费遵循随机游走",尽管二者之间有些细微的差别。

消费者利用前移算子 k 期,则有 $E_t(c_{t+k}) = c_t$;假定消费者在生命终结时耗尽全部资产,消费者存活 T 期,并且没有投资 N;根据预算约束式(6.1),消费者在 $t \sim T$ 期就必须满足预算约束式(6.5):

$$\sum_{k=0}^{T-t}(1+r)^{-k}c_{t+k} = A_t + \sum_{k=0}^{T-t}(1+r)^{-k}y_{t+k} \tag{6.5}$$

设 $T \to \infty$,利用 0 资产终结条件,取式(6.5)的条件期望。根据 $E_t(c_{t+k}) = c_t$,可得形式化的 PIH/LCH,即式(6.6):

$$c_t = \frac{r}{1+r}A_t + \frac{r}{1+r}\sum_{k=0}^{\infty}(1+r)^{-k}E_t y_{t+k} = Y_t^p \tag{6.6}$$

简单地说,式(6.6)的直观含义是:消费是人力和非人力财富的年金现值;也就是消费等于式(6.6)的右边——持久收入 Y_t^p。定义 t 期的可支配收入 Y_t 为持久收入 Y_t^p 与暂时性收入 Y_t^T 之和;定义储蓄 S_t 为可支配收入与消费之差,即 $S_t = Y_t^P + Y_t^T - c_t$,带入式(6.6),则有可检验的理论假设式(6.7):

$$S_t = Y_t^T \tag{6.7}$$

式(6.7)的经验含义非常清晰,就是在 CEQ 情形下,农户的储蓄(负储蓄)必须等于当期的暂时性收入(亏损)。换言之,在储蓄方程中,Y_t^P 的边际储蓄倾向应该为 0，Y_t^T 的边际储蓄倾向应该为 1；这就是在 CEQ 条件下，理论模型包含的计量含义。

从式（6.1）出发，直到式（6.7）的结论，推导过程都依赖于 CEQ 的假定。总结一下，这些假定包括：跨时可加的效用函数、完全的借贷市场、二次效用函数和理性预期四个方面。已有研究对于这些假定的质疑主要集中于"完全的借贷市场"和"二次效用函数"，下面对其分别加以讨论。

首先，"完全的借贷市场"假设意味着，消费者可以不受当期手持现金的限制，通过借款平滑消费。但是在中国农村地区，这种假定很不切实际，一些地区根本不存在完全的信贷市场，农户无法通过正式的制度安排应对风险、平滑消费。形式化表述这种约束就是，在式（6.1）中加入 $c_t \leqslant y + A$ 这一附加限制条件，重新求解农户跨时消费最优 KT 问题，一阶条件式（6.3）的 Euler 方程变为式（6.8）：

$$u'(c_t, \theta_t) = \max\{V'(A_t + y_t), E_t[u'(\tilde{c}_{t+1}, \theta_{t+1})]\} \tag{6.8}$$

流动性约束暗示：给定边际递减条件，消费者最大的可能支出为 $y + A$。从而，式（6.3）仅仅是式（6.8）在所有的 t 上都能够成立之特例。流动性约束对于储蓄行为的计量含义是：对于不存在流动性约束的农户，其储蓄行为应该接近 CEQ；相比之下，存在流动性约束的农户，其储蓄行为相对偏离 CEQ 的预期[1]。

其次，"二次效用函数"的假定意味着线性的边际效用函数，从而产生确定性等价。但是这样一来，消费预期的另一个矩——"波动"，将不会影响消费的跨时选择，这就和预防性储蓄动机不相容[2]。因此，边际消费函数只有呈现凸性才能合理地解释波动的增加需要更多的储蓄来应付这样一种预防性的储蓄动机，也就是要求效用函数的三阶导数为正，例如常用的等弹性效

---

[1] 另一条计量的思路是，如果流动性约束有效，则约束 $C_t \leqslant y + A$ 就是紧的（Binding），Lagrange 乘子就不应为 0，通过检验 Lagrange 乘子也可以分析流动性约束的强弱，参见 Zeldes, S., "Consumption and Liquidity Constraints: An Empirical Investigation", *Journal of Political Economy*, 1989, Vol. 97(2), pp. 305—346.

[2] 二次效用函数还有另一个令人很不满意的特性，就是存在一个效用水平的"极乐点"（Bliss）。

用函数。当然,给定风险的一定假设分布(例如"对数正态分布"),可以形式化的表示出收入波动水平(例如"标准差")对于储蓄的影响。我们在储蓄方程中加入收入的波动项进行检验,如果线性边际效用假设不能成立,则波动项的系数会在统计上显著,并且应该具有正确的符号。

通过以上的讨论可以看出,虽然 CEQ 有些不切实际的假定,从而受到广泛的质疑,但是,将 CEQ 作为一个分析用的"坐标系",则不失为一个好的理论出发点。当然,在计量处理的时候,没有必要施加预先的约束条件来估计储蓄函数,本文的方法论是"让数据本身说话",即通过系数的假设检验来对理论预期进行验证。

本章的研究基于中国 8 省 1420 个农户的面板数据集,这个数据集的抽样范围是中国农业部的农村固定观察点(RCRE)。因为农业部固定观察点已有的数据包含丰富的家庭人口经济变量,但是没有包含个人信息,所以北京大学中国经济研究中心与农业部合作,对于样本农户家庭成员 1987~2002 年期间的个人情况进行回溯调查。回溯调查获得的个人数据与农业部固定观察点已有的家庭数据进行合并,形成本文研究最终使用的微观面板数据集。

储蓄是本章的核心变量,根据式(6.1)资产演进方程 $A_{t+1}=(1+r_{t+1})(A_t+y_t-c_t)$,储蓄的操作化定义分为两种思路:其一,save$=(y_t+r_{t+1}(A_t+y_t-c_t)-c_t)$,即储蓄就是收入(劳动收入加上利息收入)减去消费的差;其二,save$=A_{t+1}-A_t$,即储蓄就是资产的一阶差分。从理论上说,两种储蓄的定义是等价的,但是在实际的调查数据计算上,因为渠道和测量误差的关系,二者往往存在不小的差异。

本章基于稳健性考虑,采用 4 种不同的储蓄测度方式进行建模,分别是:save1 定义为家庭纯收入减去全部消费支出,但除去了耐用消费品、学费、房屋支出这些在不同时期产生流量的项目,也就是将耐用品等项目视为储蓄而非消费;save2 定义为家庭纯收入减去全部消费支出(商品和服务)。这两种定义采用了收入消费差的概念,save2 因为忽视了长期发挥作用的项目,倾向于产生对于储蓄的低估;save1 则因为无法精确折旧,进而无法扣除长期流量项目在当期的费用分摊,因此倾向产生储蓄的高估。save3 和 save4 采用资产的一阶差分定义。资产定义为生产性固定资产、生活性固定资产、房屋原值、手持现金、存款、证券、对外投资与借出款的合计,按照这个资产定义取一阶差分;定义为不包括"房屋原值"的资产一阶差分,主要考虑到房屋计价原值在农村可能存在很大的测量误差。

以上 4 种储蓄的测度指标,无法先验的区分优劣。我们将同时报告 4 种储蓄定义的估计结果并对其进行比较。为了下一步分析流动性约束,本文还利用完全的资产定义(含屋原值),按照 1995 年初的资产拥有量将农户划分为"初始财富 5 等分组",这样处理是为了尽量避免分组标志的内生问题[①]。

6.2 农户储蓄的计量模型及其估计结果

6.2.1 储蓄模型构建

本节根据上一节的理论框架,以式(6.7)为基础,考虑放松 CEQ 的假定,建立农户储蓄计量模型式(6.9):

$$save_{it}^k = \alpha_0 + \boldsymbol{\alpha_1} Y_{it}^P + \boldsymbol{\alpha_2} Y_{it}^T + \alpha_3 var_i + \alpha_4 life_{it} + \alpha_5 time + \varepsilon_{it}$$
$$(k=1,2,3,4) \tag{6.9}$$

式(6.9)中,下标 it 分别表示农户与年份,诸 α 是待估参数;因变量 save 表示储蓄,采取 4 种测量方式;Y_{it}^P 和 Y_{it}^T 分别表示持久收入与暂时性收入,这两个是本文的关键变量,$\boldsymbol{\alpha_1}$ 和 $\boldsymbol{\alpha_2}$ 是本文关键参数;life 表示家庭生命周期和偏好口味的人口学特征向量,包括"家庭类型哑元"、"劳力比例"、"男性劳力比例"、"户主年龄"、"户主年龄平方/100"这些变量;var 表示收入波动,使用收入标准差测量,每户仅有一个标准差,因此这个变量同时包含了观察不到的户异质性(Heterogeneity);是年份哑元向量,以"1995 年"为对照;e

---

① 严格说来,这种分组标志的性质只是"前定的",而非"超外生的"。

为随机扰动。

　　根据 CEQ 的理论假定,式(6.9)关键参数的备择假设(H_0)是:$\alpha_1 = 0$、$\alpha_2 = 1$;如果效用函数和预防性储蓄相容,则有 $\alpha_3 > 0$,并且在统计上显著。

　　式(6.9)中,Y_{it}^p 和 Y_{it}^T 是直接观察不到的,观察到的是家庭收入 Y_{it},即 Y_{it}^p 与 Y_{it}^T 之和。Y_{it} 和 ε 之间不能保证满足正交条件,因此有必要对于收入建模,写成矩阵表达式(6.10):

$$Y_{it} = \boldsymbol{X}_{it}\beta + u_{it} \tag{6.10}$$

式(6.10)中,β 表示包含截距项的参数向量;$\boldsymbol{X}$ 为解释变量向量,包含了 *time*、*life*、*var* 和其他的收入解释变量("户主教育程度哑元"、"干部户"、"党员户"、"五保户"等几个哑元和"种植业收入比重"、"外出就业占收入比重");u_{it} 为扰动项。

　　Paxson(1992)的论文使用地区降水量来识别 Y_{it}^p 和 Y_{it}^T,从而明确的估计 α_1 和 α_2。如果 CEQ 成立的话,由于降水量只影响暂时性收入,在简约形式的估计中,就会存在降水量对于收入的影响和对于储蓄的影响相等的推论。但是,认定降水量只影响 Y_{it}^T 而不影响 Y_{it}^p 有些牵强,Paxson 的月度降水量数据跨度为 1951~1985 年,在如此长期的时段内,农户未必不能把握部分降水的规律,使得降水量也会影响持久收入 Y_{it}^p。我们在数据中无法找到这样一个理想的识别变量,因此本文首先不做收入的划分,只是将式(6.10)带入式(6.9),试探性估计简约形式(Reduced Form)的储蓄方程和收入方程。然后反过来观察解释变量对于收入和储蓄的影响。在 CEQ 条件下,对收入和储蓄的边际影响接近的因素就可以看作对暂时性收入发挥关键作用的识别变量,估计结果参见表 6-1。

　　正式估计之前,预先的准备工作包括:第一,对价值衡量的变量都使用相应的物价指数进行了平减处理,口径都统一为 2000 年=100;第二,根据 RCRE 数据的抽样特点,为了避免同一个村庄内农户间存在的 $\mathrm{Cov}(\varepsilon_i^v, \varepsilon_j^v) \neq 0 (i \neq j)$ 情况,进行了 Cluster 校正,避免标准误的低估(Deaton,1997);第三,对异方差和时序相关进行了调整,报告相应的稳健标准误 t 值。这三项准备工作贯穿本文的所有计量模型估计,后文不再赘述。

表 6-1 储蓄方程与收入方程简约形式的估计结果

因变量	save1	save2	save3	save4	收入
解释变量	b/(t 值)	b/(t 值)	b/(t 值)	b/(t 值)	b/(t 值)
Constant	−9003.208 ***	−7922.813 ***	−16267.936	−13027.227 **	−11474.250 ***
	(−2.763)	(−2.881)	(−1.400)	(−2.021)	(−3.821)
家庭类型哑元,对照组:核心家庭					
三代家庭=1	515.157	4.975	−1632.540	−1394.152	−274.033
	(0.985)	(0.011)	(−0.895)	(−1.378)	(−0.572)
扩展家庭=1	−2329.371 *	−2892.247 ***	−5489.250	−3184.094	−2329.519 **
	(−1.847)	(−2.721)	(−1.271)	(−1.330)	(−2.014)
不完全家庭=1	−1706.157	−1126.844	−2548.506	−786.692	−1085.110
	(−1.483)	(−1.163)	(−0.631)	(−0.351)	(−1.029)
其他类型=1	−565.470	−979.857	−4492.837	−3324.509	−3268.773 *
	(−0.282)	(−0.580)	(−0.618)	(−0.825)	(−1.783)
户主教育程度哑元,对照组:文盲半文盲					
小学=1	−1223.396	198.923	3703.517	1746.328	2133.816 ***
	(−1.405)	(0.271)	(1.206)	(1.026)	(2.676)
初中=1	−397.792	874.801	3888.520	1919.601	2992.174 ***
	(−0.446)	(1.163)	(1.237)	(1.102)	(3.660)
高中及以上=1	−333.614	1923.720 **	2831.174	1826.573	3827.484 ***
	(−0.306)	(2.093)	(0.738)	(0.859)	(3.830)
国家干部、职工户=1	319.485	2064.581 ***	−811.954	−1221.109	2971.339 ***
	(0.338)	(2.592)	(−0.246)	(−0.666)	(3.426)
乡、村干部户=1	2704.527 ***	1285.922	13571.021 ***	6076.236 ***	1249.336
	(2.584)	(1.460)	(3.717)	(3.003)	(1.307)
党员户=1	94.927	−583.358	4540.587 *	2290.383 *	−789.320
	(0.140)	(−1.018)	(1.918)	(1.745)	(−1.266)
五保户=1	−6423.706	−6975.545 **	−144607.692 ***	−53314.653 ***	−9714.564 ***
	(−1.633)	(−2.122)	(−10.322)	(−6.877)	(−2.768)
家庭常住人口	1113.862 ***	1810.011 ***	3218.185 ***	2425.632 ***	3546.387 ***
	(7.109)	(13.724)	(5.789)	(7.870)	(24.781)
家庭劳力比例	4750.938 ***	5466.443 ***	3787.841	3886.565 *	11555.172 ***

	(4.208)	(5.751)	(0.954)	(1.765)	(11.199)
男劳力比例	4283.359 ***	3614.513 ***	5549.932	4499.485 *	4466.116 ***
	(3.277)	(3.290)	(1.209)	(1.769)	(3.755)
户主年龄	−141.165	−225.230 **	40.300	4.494	−369.119 ***
	(−1.188)	(−2.240)	(0.097)	(0.019)	(−3.349)
户主年龄平方/100	162.598	235.149 **	−102.242	−22.474	386.015 ***
	(1.284)	(2.195)	(−0.232)	(−0.092)	(3.287)
耕地面积(亩)	9.757	−60.126 **	−64.746	−43.742	−171.664 ***
	(0.271)	(−1.983)	(−0.501)	(−0.610)	(−5.197)
种植业收入比重	13.869	−1443.649 **	−5654.977 **	−3586.040 ***	−5607.412 ***
	(0.020)	(−2.444)	(−2.294)	(−2.625)	(−8.769)
外出就业占收入比重	60.088 *	88.308 ***	32.235	−18.903	128.644 ***
	(1.818)	(3.216)	(0.268)	(−0.284)	(4.442)
收入标准差	0.483 ***	0.737 ***	0.378 ***	0.196 ***	0.957 ***
	(29.209)	(52.863)	(6.287)	(5.868)	(63.124)
略去年份哑元估计结果……					
对数似然	−89544.965	−88049.577	−86358.128	−82255.075	−88418.453
有效样本数	7948	7948	6914	6914	7948
Adj. R²	0.124	0.333	0.032	0.027	0.483
F 值	41.684 ***	139.915 ***	10.216 ***	8.918 ***	241.028 ***

注:*** :1%水平上显著;** :5%水平上显著;* :10%水平上显著,"()"内数字为根据稳健标准误计算的 t 值。

表 6-1 的估计结果显示,收入标准差对于收入和储蓄都具有显著的正向影响。这个结果和直觉吻合,收入风险越大带来的可能收益越高;并且,收入波动较大,农户也就需要更多的预防性储蓄。同时,此结果还表明,CEQ 的二次效用函数假设被拒绝,农户应该具有和预防性储蓄相容的凸性,而非线性的边际效用函数。因为收入标准差包含了户的异质性,对于系数的解释需要谨慎。当然,"种植业收入比重"和"外出就业收入比重"两个指标也包含了收入风险分散的因素,但是符号的方向与已有的研究相反;万广华等(2003)发现"农业收入比重"对于储蓄具有正向影响,其解释是:农业生产的风险高于其他行业所致。这个解释并不见得合理。近年来,非农就业和家庭经营相比,收入易变性可能还更大,并且,没有控制流动性约束

的估计结果可能同时包含预防性储蓄和流动性约束的双重作用,并没有办法完全的区分二者各自的影响。

从判定系数来看,这些自变量对于收入方程具有较好的解释力,对于储蓄方程的解释力要相对弱一些。并且,用收入消费差测量的储蓄,似乎要比资产差分概念的储蓄解释力要好很多,尤其是扣除全部消费项目测量的模型判定系数为 0.333,在微观数据中已经相当可观了。这表明资产指标可能存在严重的测量误差。

表 6-1 的估计结果并未发现对收入和消费影响比较接近的解释变量;"户主教育哑元"这组影响持久收入水平的变量和储蓄无关,却对于收入具有很强的解释力,似乎和 CEQ 预期的 $\alpha_1 = 0$ 的理论预期吻合,但是缺乏 α_2 的线索,因此仍然无法进一步检验农户储蓄行为对于 CEQ 的偏离。

小结一下,初步的简约形式估计结果显示出:农户储蓄行为中预防性动机发挥了重要作用,储蓄的收入消费差测度方法误差要小一些;并且,持久收入与储蓄的关系显示出和 CEQ 预期吻合的特征。但是,简约形式估计无法提供暂时性收入的线索,数据也缺乏先验的识别变量,无法对关键系数的理论预期进行检验;并且,简约形式估计没有考虑流动性约束的问题。考虑到简约估计的这些不足,下面第一个小节首先对收入动态过程建模,分离出持久收入与暂时性收入,并检验二者各自对于农户储蓄的影响;第二个小节考虑利用财富分组估计储蓄方程,考察流动性约束和预防性储蓄对于农户储蓄行为的影响。

6.2.2　收入动态建模的储蓄模型估计

如果能够对于收入过程进行动态建模,则可以计算出 Y_{it}^P 和 Y_{it}^T,也就可以直接利用式(6.9),获得关键参数的估计结果。通常的单变量时间序列建模参数方法是基于 Box-Jenkins 理论的 ARIMA 过程。ARIMA 过程用来拟合长时间序列数据,预测效果大大优于通过识别变量估计的结构方程(Structure Form),这也是宏观计量最为广泛采用的基础计量模型。但是拟合收入动态的 ARIMA 过程要求有较长的时间序列,而我们的数据跨度仅有 8 个时间点,这是问题之一;另一个问题见于 Deaton(1992)的批评:收入过程只要存在积分因子(单位根)的话,哪怕滞后算子多项式的参数非常接近,产生的收入随机过程都会"差之千里",也就是说,我们根本没有理由认为持久收入就是若干期现实收入的移动平均(Friedman,1957)。趋势静态(TS)和差分静态(DS)两种收入过程在现实中也都存在实例[①],并且同样在理论上简明。Deaton 总结道:持久收入(从而"消费")比现实收入平滑这一判断,既非不言自明,亦非必然正确。

简单举一例说明 Deaton 观点的要旨,设收入随机过程 Wold 表达为 $\Phi(L)y_t = \theta(L)\varepsilon_t$,$\Phi(L)$ 和 $\theta(L)$ 为滞后算子 L 的有理多项式,$\Phi(L)$ 和 $\theta(L)$ 分别表示 AR 和 MA 过程;暂时忽略 MA 过程,取 $\Phi(L) = 1 - 1.44L + 0.44L^2$ 和 $\Phi(L) = 1 - 1.42L + 0.45L^2$,$\varepsilon \sim \log\text{Normal}(0, 0.5)$(扰动项是均值为 0,标准差为 0.5 的对数正态分布白噪音),初始点设为 0,进行 150 期模拟,结果参见图 6-1。

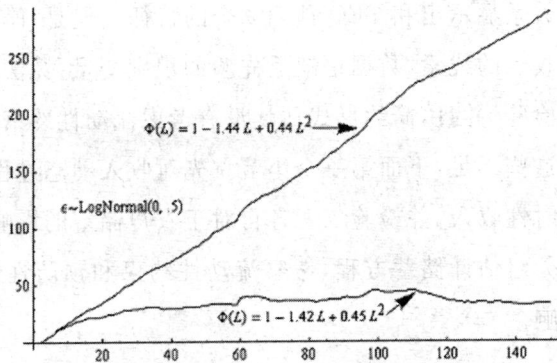

图 6-1　两个收入随机过程的模拟结果比较

图 6-1 的模拟结果显示,含有单位根的 $\Phi(L) = 1 - 1.44L + 0.44L^2$ 过程和没有单位根的 $\Phi(L) = 1 - 1.42L + 0.45L^2$ 过程,虽然参数接近,但是轨迹差别很大;$\Phi(L) = 1 - 1.44L + 0.44L^2$ 中的积分成分足以使得收入偏

---

① Deaton 列举美国大学教师和其英国同行加薪的不同模式作为例子,后续的一些研究也确实发现了收入过程存在单位根的经验证据。

离静态趋势很远,并且没有回复静态趋势的必然性存在。

综上所述,我们既不能指望利用 8 个数据点就能够拟合 ARIMA 模型,又不能简单的移动平滑计算持久收入。解决此问题的一个可行办法就是求助于非参数频谱(Spectrum)平滑方法。

简单地说,频谱分析的各种 Frequency(Band-Pass)Filter(一个可能的翻译是"频度平滑滤子")是在一定的窗宽(Band)上采用双侧线性滤子方法,使得数据的长期趋势得以凸显,从而分离出持久收入和暂时性收入的手段。根据设定的加权矩阵和方法的不同,分为不同的滤子,并且没有单一的方法区分优劣。本文为了估计的稳健性,同时使用 4 种常见的滤子①进行平滑,分别是:Christiano-Fitzgerald filter(Christiano and Fitzgerald,2003)、Baxter-King band pass filter(Baxter and King,1999)、Hodrick-Prescott filter(Hodrick and Prescott,1997)、Butterworth square-wave highpass filter(Pollock,2000)。这里有几点需要说明:其一,根据年份数据的特点分别设定窗宽为 $2\pi/P$;其二,Butterworth square-wave highpass filter 阶次设为 3(如果设为 2,和 Hodrick-Prescott filter 等价);其三,Baxter-King band pass filter 差分项阶次设为为 1,比较其他滤子,1995 和 2002 年的观测值被删去。

通过非参数滤子计算,我们获得 Y_{it}^P 和 Y_{it}^T 的估计值,可以直接估计式(6.9);因为已经获得收入的估计值,没有必要保留收入的一些解释变量,仅仅保留,life,var 和年份哑元向量即可。为了结果的清晰,略去其他解释变量的参数,仅仅报告 Y_{it}^P、Y_{it}^T 和 var 的估计结果,参见表 6-2。

表 6-2　持久收入和暂时性收入对于农户储蓄的影响

滤子	Christiano-Fitzgerald filter				Baxter-King band pass filter			
因变量	save1	save2	save3	save4	save1	save2	save3	save4
解释变量	b/(t 值)	b/(t 值)	b/(t 值)	b/(t 值)	b/(t 值)	b/(t 值)	b/(t 值)	b/(t 值)
Constant	−6937.642 ***	−4131.362 **	−23996.2	−15999	−2772.35	−2153.32	−13084.1	−7742.18

---

①　技术细节较为复杂和冗长,有兴趣的读者可以参考文后所列的相关文献。

(−2.576)	(−2.556)	(−1.560)	(−1.346)	(−0.947)	(−1.248)	(−1.166)	(−1.104)
持久收入							
0.295***	0.174***	0.294***	0.215***	0.298***	0.238***	0.327***	0.304***
(40.781)	(96.669)	(13.137)	(11.717)	(30.051)	(81.895)	(12.270)	(11.428)
暂时性收入							
0.681***	0.670***	0.708***	0.704***	0.744***	0.657***	0.710***	0.638***
(31.193)	(68.076)	(15.478)	(14.403)	(14.050)	(46.828)	(22.457)	(24.549)
收入标准差							
−0.033**	0.023**	−0.184***	−0.151***	−0.032*	0.005	0.086	0.054
(−2.126)	(2.451)	(−2.065)	(−2.184)	(−1.921)	(0.484)	(1.354)	(1.364)
对数似然 −94680.7	−90218.5	−95355.5	−93328.1	−70487.4	−67024.8	−79364	−76294.9
有效样本数 8439	8439	7384	7384	6330	6330	6330	6330
Adj R² 0.346	0.757	0.075	0.063	0.202	0.685	0.106	0.115
F值 241.993***	1384.289***	36.951***	30.529***	97.446***	805.79***	48.385***	52.231***

滤子	Hodrick-Prescott filter				Butterworth square-wave highpass filter			
因变量	save1	save2	save3	save4	save1	save2	save3	save4
解释变量	b/(t值)	b/(t值)	b/(t值)	b/(t值)	b/(t值)	b/(t值)	b/(t值)	b/(t值)
Constant	−6413.407**	−3838.788**	−22831.7	−15027.8	7460.904***	4462.423***	26288.832*	−17662.6
	(−2.391)	(−2.385)	(−1.488)	(1.268)	(−2.767)	(−2.758)	(−1.711)	(−1.488)
持久收入	0.367***	0.289***	0.304***	0.240***	0.342***	0.330***	0.148***	0.127***
	(38.549)	(94.695)	(11.629)	(10.109)	(54.513)	(123.049)	(19.152)	(17.310)
暂时性收入	0.674***	0.615***	0.862***	0.736***	0.719***	0.632***	0.814***	0.896***
	(35.130)	(72.538)	(16.998)	(16.121)	(4.161)	(20.747)	(11.387)	(10.799)
收入标准差	−0.001	0.041***	−0.044	−0.040	−0.067***	0.004	−0.278***	−0.219***
	(−0.084)	(4.245)	(−0.475)	(−0.548)	(−4.486)	(0.481)	(−3.302)	(−3.369)
对数似然	−94655	−90193.3	−95344.3	−93315.7	−94675.1	−90228.6	−95340.9	−93315.3
有效样本数	8439	8439	7384	7384	8439	8439	7384	7384
Adj R²	0.350	0.758	0.078	0.066	0.347	0.756	0.079	0.067
F值	247.452***	1400.833***	38.249***	32.034***	240.605***	1372.33***	38.668***	32.075***

注：*** :1％水平上显著；** :5％水平上显著；* :10％水平上显著，"( )"内数字为根据稳健标准误计算的 t 值。略去的解释变量包括："家庭类型哑元"、"家庭劳力比例"、"男劳力占劳力比例"、"户主年龄"、"户主年龄平方/100"、"年份哑元"。

表 6—2 的估计结果显示，4 种算法都一致拒绝了 CEQ 假说：暂时性收入的边际储蓄倾向全部都显著小于 1；持久收入也没有完全消费掉，大约有 30％～35％的持久收入进入储蓄。资产差分概念测度的储蓄函数估计结果

似乎和 CEQ 更加接近一些,和 save1 相比,save2 在 4 种算法下,收入边际储蓄倾向都要低一些,这和储蓄概念的设定相对应,忽视了耐用品与流量项目计算的储蓄存在低估的倾向。与 Paxson(1992)的估计结果一致,收入易变性并未显示出统一的模式,对于 save2 的测度来说,似乎收入风险增加农户储蓄,而对于风险其他三种储蓄测度符号有正有负,并且在统计上显著性弱与影响效应的绝对值较小。这些特征都无法清晰地表示收入易变性对于储蓄有显著的作用。

表 6-2 中,关键系数 α_1 和 α_2 的估计虽然拒绝了 CEQ 假说,但是参数值都在合理的范围内,4 种方法差异不大,一定程度上说明了储蓄模型设定的稳健性。表 6-2 分离开持久收入与暂时性收入对于储蓄的影响,初步结论是样本农户的储蓄行为并不遵循 CEQ 假说。但是,这里没有控制"流动性约束"这一关键性的影响因素,也就无法回答农户储蓄行为对于 CEQ 预期的偏离,是否是因为"流动性约束"的存在,使得农户无法通过跨期最优安排平滑消费而导致的? 进而,下一小节分析流动性约束对储蓄的影响。

6.2.3　流动性约束对农户储蓄行为的影响

可以假定,流动性约束对于所用的样本农户并非同质的:对于富裕组人群来说,流动性约束可能不起作用,他们有能力进行消费的跨时平滑,储蓄行为更容易呈现出 CEQ 预期特征;而贫困组农户受到流动性约束的可能性较大,他们的储蓄行为就与 CEQ 的预期产生较大偏离。

在现实操作中,无法很好的定义"流动性约束",即便使用会计上的某些"流动性比率"指标,由于测量误差的存在和变现能力难以准确估计两个原因,也未见得理想。因此,本文选取初始财富 5 等分组考察流动性约束。越是富裕的人群,我们设想,受到的流动性约束越小;道理在于:其一,富裕人群本身的资产较多,抵御收入波动能力强;其二,富裕人群相对集中于发达地区的话,相对来说,信贷市场可能要完善一些;其三,富裕人群的往来对象可能"富人"居多,非正式借贷相对容易。贫困人群则与此相反。因此,选取初始财富 5 分组分别估计储蓄方程式,一定程度上可以揭示流动性约束的影响,估计结果参见表 6-3。

表 6-3　财富 5 等分组的储蓄函数估计结果

滤子		Christiano-Fitzgerald filter			Baxter-King band pass filter		
模型	财富 5 分组	持久收入	暂时性收入	收入标准差	持久收入	暂时性收入	收入标准差
save1	富裕组	0.245 ***	0.777 ***	0.120 *	0.243 ***	0.810 ***	0.100
	次富裕组	0.281 ***	0.727 ***	0.022	0.259 ***	0.897 ***	0.027
	中等组	0.285 ***	0.761 ***	0.057	0.273 ***	0.866 ***	0.105 **
	次贫困组	0.323 ***	0.683 ***	0.035 **	0.316 ***	0.724 ***	0.025
	贫困组	0.376 ***	0.595 ***	0.046 **	0.333 ***	0.647 ***	0.022 **
save2	富裕组	0.203 ***	0.652 ***	0.161 *	0.211 ***	0.684 ***	0.053 *
	次富裕组	0.218 ***	0.680 ***	−0.003	0.190 ***	0.739 ***	−0.010
	中等组	0.233 ***	0.467 ***	−0.013	0.206 ***	0.537 ***	0.061
	次贫困组	0.230 ***	0.497 ***	0.081 **	0.227 ***	0.453 ***	0.107 **
	贫困组	0.280 ***	0.431 ***	0.117 ***	0.218 ***	0.445 ***	0.123 **
save3	富裕组	0.022	0.788 ***	0.115 *	0.006	0.801 ***	0.206 **
	次富裕组	0.049	0.758 ***	0.114	0.064	0.714 ***	0.160
	中等组	0.043	0.460 ***	−0.188	0.160	0.773 ***	−0.377 *
	次贫困组	0.211 *	0.492 ***	0.260 ***	0.232 *	0.658 ***	0.124 *
	贫困组	0.512 ***	0.441 *	−0.122 ***	0.390 ***	0.458 ***	0.171 ***
save4	富裕组	0.022	0.701 ***	0.105 *	0.004	0.742 ***	0.104 *
	次富裕组	0.024	0.655 ***	0.087	0.055	0.693 ***	0.114
	中等组	0.043	0.643 ***	−0.109	0.108 *	0.672 ***	−0.195 *
	次贫困组	0.149 **	0.539 ***	0.159 *	0.162 **	0.603 ***	0.068
	贫困组	0.358 **	0.417 ***	0.107 **	0.232 **	0.463 ***	0.110 **
滤子		Hodrick-Prescott filter			Butterworth square-wave highpass filter		
模型	财富 5 分组	持久收入	暂时性收入	收入标准差	持久收入	暂时性收入	收入标准差
save1	富裕组	0.302 ***	0.807 ***	0.136 ***	0.286 ***	0.930 ***	0.058 *
	次富裕组	0.350 ***	0.842 ***	0.038	0.315 ***	0.878 ***	−0.021
	中等组	0.357 ***	0.769 ***	0.061	0.303 ***	0.767 ***	0.032
	次贫困组	0.384 ***	0.747 ***	0.040	0.323 ***	0.813 ***	0.033 *
	贫困组	0.463 ***	0.615 ***	0.055 **	0.387 ***	0.676 ***	0.034 *

save2	富裕组	0.250 ***	0.778 ***	0.175 ***	0.229 ***	0.897 ***	0.107 **
	次富裕组	0.270 ***	0.700 ***	0.014	0.246 ***	0.879 ***	−0.038
	中等组	0.288 ***	0.477 ***	−0.009	0.223 ***	0.705 ***	0.004
	次贫困组	0.274 ***	0.544 ***	0.106 **	0.235 ***	0.523 ***	0.137 ***
	贫困组	0.335 ***	0.478 ***	0.127 ***	0.301 ***	0.547 ***	0.117 ***
save3	富裕组	0.031	0.823 ***	0.240 **	0.056	0.746 ***	0.083
	次富裕组	0.043	0.832 ***	0.179	0.141 **	0.774 **	−0.028
	中等组	0.041	0.747 ***	−0.131	0.270 ***	0.704 **	−0.564 ***
	次贫困组	0.220 *	0.712 ***	0.167 ***	0.299 ***	0.686 **	0.360 **
	贫困组	0.269	0.659 **	0.118 ***	0.574 ***	0.491 **	0.186 ***
save4	富裕组	0.030	0.729 ***	0.176 **	0.081	0.682 ***	0.050
	次富裕组	0.022	0.697 ***	0.133	0.110 **	0.651 ***	−0.046
	中等组	0.045	0.662 ***	−0.071	0.180 **	0.645 ***	−0.335 ***
	次贫困组	0.155 **	0.727 ***	0.092 ***	0.209 ***	0.533 **	0.226 ***
	贫困组	0.210	0.624 ***	0.123 ***	0.400 ***	0.577 **	0.150 ***

注：*** :1％水平上显著；** :5％水平上显著；* :10％水平上显著，略去按照稳健标准误计算的 t 值。略去的解释变量包括："家庭类型哑元"、"家庭劳力比例"、"男劳力占劳力比例"、"户主年龄"、"户主年龄平方/100"、"年份哑元"。

表 6-3 的估计结果清晰的显示出农户储蓄行为存在异质性问题。利用不同标准，估计的所有组别农户储蓄模型都拒绝严格的 CEQ 推论，不同收入组的估计结果显示出清晰的模式：越是富裕组别，储蓄行为越是接近 CEQ 模式；而贫困组别则偏离 CEQ 的预期较大。这个模式清晰地揭示了"流动性约束"对于农户储蓄的重要作用，贫困人群没有能力进行收入的完全跨时平滑，而更有可能遵循的是一种"拇指规则"(Thumb Rules)行为：按照固定比例，储蓄收入超过某个基本消费水平的差额部分。在这种规则下，Deaton(1997)利用数值模拟方法证明了收入波动和农户储蓄存在正向关系，从收入标准差的系数比较来看，贫困组别预防性储蓄的预防性动机在统计上都非常显著，并且绝对值高一些，这些说明中国农户储蓄行为在流动性约束条件下，与拇指规则理论吻合的更好。并且本文同时控制了流动性约束和预防性动机解释农户储蓄行为，清晰的揭示了二者对于农户储蓄各自

具有的重要影响。

本文的估计同时比较了 4 种储蓄测度标准,4 种滤子非参数算法的结果。对比显示,不同处理的结论差异不大,表明本文的估计结果是稳健的。

6.3 第 6 章小结

本文利用非参数的 4 种滤子算法分别估计了农户的持久收入和暂时性收入,据此基础,在持久收入假说的理论框架下分析了中国农户储蓄行为。经验研究的主要结论包括:1. 中国农户的储蓄行为受到流动性约束和预防性动机的显著影响,二者都显著的提高了农户的储蓄,降低了农户消费水平。对于低收入人群,流动性约束提高储蓄的效应更加明显;2.农户储蓄函数的估计结果一致拒绝了标准持久收入假说的确定性等价推论,拓展的持久收入假说更适合刻画中国农户储蓄行为。主要的拓展体现在,农户具有凸性的边际效用函数、预防性动机具有重要作用;流动性约束存在,农户不能完全跨时平滑消费两个方面。从而,本文的估计结果更接近拇指规则的农户储蓄理论预期。

从政策含义上说,本文的结论对于解释中国的高储蓄率具有一定参考价值。造成中国农村的高储蓄率的因素既有信贷市场不完善,导致的流动性约束的作用;又有农户风险应对中,正式制度安排不健全引起的预防性动机的效果。撇开"拉动内需"之类工具性的提法,从经济学的福利意义上说,福利水平是消费水平的增函数,储蓄过多意味着消费机会的损失,即风险和信贷市场不完善对于农户福利水平产生负面影响。因此,建设和完善农村信贷市场,充分发挥针对贫困人群的小额信贷项目的作用将有助于提高农户的消费水平,改善福利,至少 Grameen 银行的成功经验已经部分证明了这种办法行之有效。逐步健全和完善农户风险应对的制度安排,减少收入和消费的波动也是另一个方面的重要内容;例如,现阶段开始推广的新型农村合作医疗制度对于防止农户因病致贫、因病返贫具有重要的现实意义,从另一个角度理解,这就是政府为农户提供的一项低成本风险应对合约。

　　本文对于福利的考虑,还仅仅是局限于消费平滑的层面,实际上是低估了风险对农户的影响;风险对于农户另外一个方面的影响在于"收入平滑"(Income Smoothing),农户可能被迫实施多样化的经营策略,以损失专业化的收益为代价,降低收入风险。当然,这一方面的经验证据还比较少。从政策上说,促进农户增收和降低农户收入风险的政策取向可能存在差别,认真的思考后者,对于避免农业政策导向的盲目性意义重大。

　　从理论上说,本文提供的非参数谱平滑方法为收入的动态建模提供了一种新的思路。区别于自然科学的可控实验,缺乏有效的外生 IV 来识别结构方程是社会科学研究普遍遇到的困难;诉诸于非参数的平滑方法建模,既可以避免参数动态建模的不够稳健的缺点,又可以避免弱 IV 和正交条件不能保证的问题;和 Paxson(1992)的经典论文相比,本文的处理可以完全地分解收入,免去收入残余项无法解释的困扰。

　　从面板数据动态建模的意义上说,本文的思路也有一定价值。面板数据通常具有低频、时点较少的特征,利用传统的参数动态建模手段显然有困难,现有的固定程序①对于面板数据的动态特征通常做低阶 AR 假定,未免失之于简单化。当然,滤子方法应用还不是很普遍,本文也仅仅是一种尝试。因此,尽管输出的结果比较冗长,为了稳健性,也还是尽量予以报告,只好省略其他重要控制变量的结果输出了。

　　固然,与标准结构方程的 IV 识别相比,本文的方法在理论上似乎基础较弱。这里的考虑类似于传统的结构方程建模和时间序列 ARIMA 方法论之间的论争。头绪万千,不是本文能够回答和解决的问题,只好期待后续的研究提供答案了。

---

　　① 例如一般的 GMM 面板数据数据动态估计方法,参见 Arellano, M. , and Bover. , O. , "Another look at the instrumental variable estimation of error-components models", *Journal of Econometrics*, 1995, Vol. 68 pp. 29—51.

第7章　农户储蓄与收入变化

2007年召开的2008年中央经济工作会议强调了对国内消费的关注，明确提出：把扩大内需作为保增长的根本途径。保增长的关键是要解决市场需求不足的问题。利用这次国际经济结构调整的时机，加快形成主要依靠内需，特别是消费需求拉动经济增长的格局。并且提到在经济发展遇到困难的时候，一定要更加重视农业、农村、农民工作。只有坚持不懈夯实农业基础，千方百计增加农民收入，才能保障农产品有效供给，启动潜力巨大的农村市场[①]。

根据"持久收入假说"（Permanent Income Hypothesis，以下简称"PIH"）和"生命周期假说"[②]（Life Cycle Hypothesis，以下简称"LCH"），消费主要决定于持久收入，要增加农民消费，必需的途径是提高农户的长期收入水平。但是现实中，农户的收入面临很多风险，要平滑消费，必要的措施包括：第一，通过非正式的制度，依靠亲戚、朋友、邻居之间的借贷平滑消费；第二，通过自身的储蓄行为平滑消费（Alderman and Paxson，1992）。在现实中，储蓄手段往往发挥首要的作用，储蓄行为决定于农户跨时消费平滑的最优化策略。根据理性预期理论，PIH/LCH的结论和理性预期相结合暗含了这样的逻辑：当前的储蓄行为可能揭示了未来收入变化的方向，因为农户要通过储

---

① 新华网北京12月10日电 人民日报12月11日社论："保增长扩内需调结构，推动又好又快发展"；网址：http://finance.sina.com.cn/review/20081210/21545618747.shtml，2008年12月25日下载于云南昆明。

② PIH和LCH虽然强调的侧重点有所不同，但表达的实质内容一致，因此本文不加区分的使用这两个名词，具体讨论可以参见Deaton，A.，Understanding Consumption，1992b，Clarendon Press，Oxford.

蓄平滑消费,因此在预测未来收入可能会下降的情况下,农户会增加储蓄,以备未来之需;反之则减少储蓄,体现出农户对于未来收入持乐观态度。而这种理性预期所包含的信息是不为研究人员所知的由农户掌握的"私人信息",但是如果 PIH/LCH 和理性预期假说都能够成立,则能够推断:当前储蓄可以有效的预测未来的收入变化。这种联系未必表示因果逻辑,而是一种相关性质的联系[①]。

在这个方面,西方的研究者无论在宏观层面(Campbell,1987;Flavin,1990),还是微观层面(Browning and Lusardi,1996;Deaton,1992a;1997;Kimball,1990)都取得了重要进展,这些研究成果揭示出储蓄确实能够有效的预测收入变化。当代消费理论更加注重微观层面的研究,因为利用汇总数据检验微观理论需要施加若干不切实际的假定。也就是说,基于"代表性消费者"的宏观经验证据对于理解微观储蓄和消费行为没有太大帮助(Deaton,1992b)。

国内学者的早期工作,也是侧重于利用汇总数据对储蓄行为进行的研究(贺菊煌,2000;孙凤,2001;2002)。从万广华等(2003)和曹和平(2002)的两项研究开始利用微观数据对农户储蓄进行分析,这些成果为理解中国农户的储蓄行为提供了初步的经验证据。但是,这些研究还存在着一些不足之处:例如,万广华等没有对农户收入进行建模,其暗含的假定是:收入为外生变量,这是不能令人满意的;曹和平的研究考虑了收入建模,利用 ARI-MA 方法进行收入随机过程的刻画,但曹和平利用的数据仅仅是江苏句容县 100 户、跨度 5 年的 pseudo-panel 数据,由于数据点少,利用参数方法并不能保证收入建模的稳健性。并且,至今国内文献缺乏微观层面对于储蓄行为和收入变化的微观计量研究。

鉴于农户储蓄行为的重要理论及其现实意义以及已有研究的不足,本文利用来自中国 8 省农村的一个大型微观面板数据库(跨度为 1995—2002年,以下简称"RCRE"数据),研究中国农户的储蓄行为与收入变化的关系,

---

① 类似带伞出门表示预计要下雨,并非带伞是下雨的原因。

对 PIH 和农户理性预期行为进行检验。本文下面的论述分为三个部分：第 1 部分是理论框架与数据介绍，包括对"储蓄"的不同测量的介绍；第 2 部分建立正式的收入变化计量模型并报告估计结果；第 3 部分为结论与评述。

7.1　理论框架

本文的理论框架主要来自于 Deaton(1992b)和 Hall(1978)的研究。首先，定义农户在预算和资产演进 2 个约束条件下，最大化一个跨时可加效用函数，表为式(7.1)：

$$\max \sum_t \delta^t u(c_t, \theta_t)$$
$$\text{subject to} \begin{cases} c_t + N_t = y_t + A_t \\ A_{t+1} = R_{t+1}(A_t + y_t - c_t) \end{cases} \tag{7.1}$$

式(7.1)中，下标 t 表示时间；$u(\cdot)$ 表示定义良好的家庭效用函数，δ 是主观贴现因子，c 为家庭消费，θ 为家庭的偏好特征向量；在约束条件中，N 为投资，y 和 A 分别表示劳动收入和资产存量，$y+A$ 表示手持现金概念，即可以用于消费和投资的全部资源；R 是市场利率 r 加 1 之和。

利用 Bellman 方程对式(7.1)进行标准的递归求解，将 t 期问题分解为序贯的两期问题加以处理，定义 $V_t(A_t)$ 是两期问题的值函数，写成式(7.2)：

$$V_t(A_t) = \max\{c_t\}[u(c_t, \theta_t)] + \delta E_t V_{t+1}(R_{t+1}, N_t) \tag{7.2}$$

式(7.2)中，E 表示期望算子。对式(7.2)求其一阶条件，并应用包络定理，可得 $u'(c_t) = V_t'(A_t)$，两边使用前移算子一期，并且代入式(7.2)的一阶条件。同时假定：利率是非随机外生给定的，利率与主观贴现率相等两个条件来简化分析，可得式(7.3)：

$$u'(c_t, \theta_t) = E_t[u'(\tilde{c}_{t+1}, \theta_{t+1})] \tag{7.3}$$

式(7.3)就是标准跨时最优化一阶条件——Euler 方程。基于两个简化假定:第一,暂时忽略家庭偏好特征 θ;第二,家庭效用函数 $u(\cdot)$ 取二次函数形式;式(7.3)就简化为标准 PIH 之确定性等价(即:Certainty-Equivalence models,以下简称"CEQ"),式(7.3)化为 $E_t(c_{t+1})=c_t$。给定消费者遵循理性预期,则有式(7.4):

$$c_{t+1}=c_t+u_{t+1} \tag{7.4}$$

式(7.4)中,u_{t+1} 表示鞅差分;它与任何预测 c_{t+1} 的变量都正交;式(7.4)将消费表示为了一个鞅过程(Martingale),文献中经常不太严格的将其说成"消费遵循随机游走",尽管二者之间有些细微的差别。根据 Flavin(1981)的研究,式(7.4)可以表为式(7.5):

$$c_t = \gamma\{y_{kt}+[r/(1+r)]\sum_{i=0}^{\infty}[1/(1+r)]^iE_ty_{l,t+i}\} \tag{7.5}$$

式(7.4)中,y_{kt} 和 $y_{l,t+i}$ 分别表示资本性收入和劳动性收入,γ 表示比例系数;式(7.5)的含义就是消费成比例于 Hicksian 性质的资本与劳动收入。定义 $s_t=y_t-c_t/\gamma$,y_t,y_t 为总的可支配收入,令 $\gamma=1$,则 s_t 为储蓄的一种测度。则根据 Campbell(1987),利用理性预期表达,将式(7.5)整理为式(7.6):

$$s_t =- \sum_{i=0}^{\infty}[1/(1+r)]^iE_t\Delta y_{l,t+i} \tag{7.6}$$

式(7.6)就是 PIH 的一个理性预期引申意义:储蓄等于未来劳动收入降低的现值,也就是当前储蓄可以有效的预测未来的收入变化这一可检验假说的理论基础之所在。

从式(7.1)出发,直到式(7.6)的结论,推导过程都依赖于 CEQ 的假定。总结一下,这些假定包括:跨时可加的效用函数、完全的借贷市场、二次效用函数和理性预期四个方面。已有研究对于这些假定的质疑主要集中于"完全的借贷市场"和"二次效用函数",下面对其分别加以讨论。

首先,"完全的借贷市场"假设意味着消费者可以不受当期手持现金的限制,通过借款平滑消费。但是在中国农村地区,这种假定很不切实际,一些地区根本不存在完全的信贷市场,农户无法通过正式的制度安排应对风险、平滑消费。形式化表述这种约束是在式(7.1)中加入 $C_t \leqslant y + A$ 这一附加限制条件,重新求解农户跨时消费最优 KT 问题,一阶条件式(7.3)的 Euler 方程变为式(7.7):

$$u^{'}(c_t, \theta_t) = \max\{V^{'}(A_t + y_t), E_t[u^{'}(\tilde{c}_{t+1}, \theta_{t+1})]\} \tag{7.7}$$

其次,"二次效用函数"的假定意味着线性的边际效用函数,从而产生确定性等价。但是这样一来,消费预期的另一个矩——"波动",将不会影响消费的跨时选择,这就和预防性储蓄动机不相容[①]。因此,边际消费函数只有呈现凸性才能合理地解释波动的增加需要更多的储蓄来应付这样一种预防性的储蓄动机,也就是要求效用函数的三阶导数为正,例如常用的常相对避险函数(CRRA)形式 $c^{1-\rho}/(1-\rho)$(其中 ρ 为 Arrow-Pratt 相对避险系数),具有凸的边际效用函数 $c^{-\rho}$。

放松 CEQ 的假定,回到更为一般的、具有流动约束性质的 Euler 方程(7.7)求解动态最优化问题,边际效用函数设为 $c^{-\rho}$,方程(7.7)没有解析解,但是可以设定数值解观察最优消费轨道的特性,从而理解农户如何利用储蓄平滑消费的理论含义。采用格点数值积分方法与程序(Carroll,1997;Deaton,1991)进行收入、最优消费和资产存量的模拟;将式(7.1)在所有的时域上,ρ 设为 3,δ 设为 1,R 设为 1.05,$y \sim N(100,10)$ 设为外生的独立同分布过程;最后一期的资产 A_{200} 设为 0(暗含农户不以馈赠为目的);递归求解 200 期,结果显示在图 7-1。

图 7-1 的模拟结果显示,消费要比收入平滑很多,消费的标准差仅为收入标准差的 54.2%,资产均值仅为收入均值的 10%。图 7-1 的结果同时揭示了流动性约束与预防性储蓄的作用,消费之所以比收入平滑就是因为能够通过储蓄积累的资产进行缓冲,在收入的一些高峰期,消费保持一定水平,是将盈余储蓄起来的缘故而使得资产明显增加(例如第 15 期);在收入的一些低谷期,如果有资产,消费也能够保持一定水平,(例如第 22 期),如

---

①　二次效用函数还有另一个令人很不满意的特性,就是存在一个效用水平的"极乐点"(Bliss)。

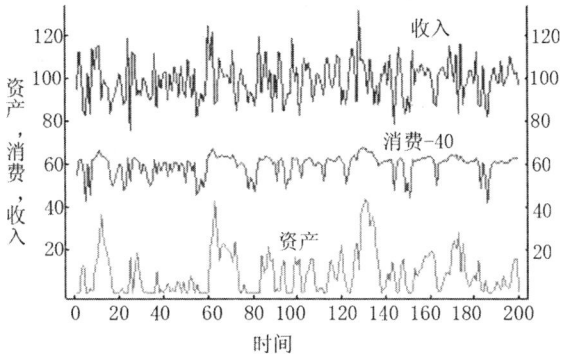

注:为了图示清晰,消费减去 40 绘制;收入服从 N(100,10)

分布,利率设为 5%,忽略主观折旧。

图7-1　对 Euler 方程数值模拟的收入、消费、资产动态过程

(收入为简单正态分布)

果资产耗尽时候出现收入下降,则农户只能削减消费应对(例如第 78-82 期),这就体现了流动性约束的存在,即农户无法进行借贷。

　　模拟结果的另一个重要的隐藏含义就是与储蓄行为对应的收入变化暗示,如果将储蓄视为资产的差分(因为是模拟数据,不存在测量误差,因此这个定义与当期收入消费之差一致,但是在图 7-1 上的观察与解释更加直观),图 7-1 的结果表明,在很多资产增加的时期,紧随的往往就是收入的降低;而在很多资产降低的时期,紧随的往往就是收入的增加,滞后大致就在 1 期;也就是说农户的预防性储蓄行为与平滑消费的跨时最优选择在流动性约束条件下,收入差分与滞后的储蓄呈现出理性预期的负向关性质。正式的回归估计显示收入差分对于滞后 1 期储蓄回归的系数为 0.114(t 值为 7.109)。

　　图 7-1 的模拟过程假定了收入是外生的独立同分布随机过程,往往在现实中,收入表现出强烈的时间相依性,我们使用一个 AR(1)捕捉时序特

征,假定$(1-0.5L)(y-100)$服从 $N(0,10)$ 分布[①],其他参数不变。结果显示在图7-2。从图中可以看出收入显示出较大的易变性,消费更加依赖于资产和储蓄进行平滑。消费标准差为收入标准差的 81.8%,资产均值为收入均值的 13.5%。农户的收入差分与滞后的储蓄呈现出理性预期的负相关性质。正式的回归估计显示收入差分对于滞后 1 期储蓄回归的系数为0.138(t 值为 3.914)。

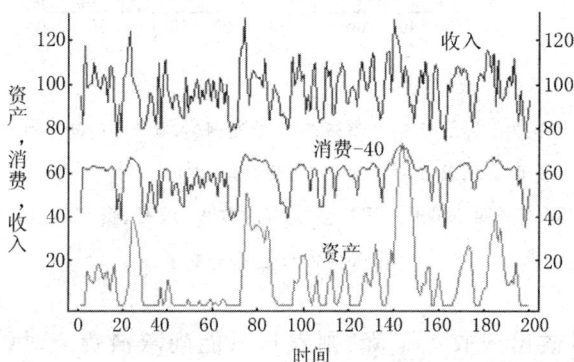

注:为了图示清晰,消费减去 40 绘制;收入服从 AR(1)过程,
利用滞后算子表示为:$(1-0.5L)(y-100)$ 服从 $N(0,10)$ 分
布,利率设为 5%,忽略主观折旧。

图7-2 对 Euler 方程数值模拟的收入、消费、资产动态过程

(收入为一阶自相关过程)

对于本部分的理论框架小结一下,PIH/LCH 在 CEQ 施加的若干假定下,通过理性预期假设可以导出农户储蓄对于将来收入变化的负向关系式(7.6)。继而,放松 CEQ 的两个关键假定使得农户消费平滑行为具有与流动性约束和预防性储蓄动机相容的特征,我们使用数值求解过程模拟农户消费、收入与资产(储蓄)的最优路径,结果也显示出农户储蓄对于将来的收入变动具有显著的预测作用。因此,虽然式(7.6)需要借助于 CEQ 的假定,

---

① 我们同时对收入滞后算子系数取了 0.2/0.4/0.7/0.8 进行模拟,基本结论不变。在后文中,我们对实际收入数据进行面板的自相关检验,一阶自相关系数为 0.497,因此,此处着重报告滞后算子系数取 0.5 的模拟图示。为了比较,所有的动态数值最优模拟的随机种子都设为一致的。

但是作为计量模型估计的基本框架使用也不失一般性；当然在计量处理的时候需要仔细考虑数据的特性，这些将在下面加以说明。

7.2　储蓄定义

本章的研究基于中国 8 省 1420 个农户的面板数据集，这个数据集的抽样范围是中国农业部的农村固定观察点(RCRE)。农业部固定观察点已有的数据包含丰富的家庭人口经济变量，但是没有包含个人信息，北京大学中国经济研究中心与农业部合作，对于样本农户家庭成员 1987～2002 年期间的个人情况进行回溯调查。回溯调查获得的个人数据与农业部固定观察点已有的家庭数据进行合并，形成本文研究最终使用的微观面板数据集。

储蓄是本章的核心变量，根据式(7.1)资产演进方程 $A_{t+1}=(1+r_{t+1})(A_t+y_t-c_t)$，储蓄的操作化定义分为两种思路：其一，$save=[y_t+r_{t+1}(A_t+y_t-c_t)-c_t]$，即储蓄就是收入[根据式(7.6)，仅包含劳动收入]减去消费的差；其二，$save=A_{t+1}-A_t$，即储蓄就是资产的一阶差分。从理论上说，两种储蓄的定义是等价的，但是在实际的调查数据计算上，因为渠道和测量误差的关系，二者往往存在不小的差异。

本文基于稳健性考虑，采用 5 种不同的储蓄测度方式进行建模，分别是：save1～save4 采用资产的一阶差分定义，按照资产的流动性由高到低逐次叠加。save1 资产定义为家庭年末存款、手持现金、对外投资与借款之和，按照这个资产定义取一阶差分；save2 定义在 save1 的基础上加上待售农产品价值，取一阶差分；save3 在 save2 的基础上加上生产性、非生产性固定资产原值，取一阶差分；save4 定义为在 save3 上包括房屋原值资产的一阶差分；save5 定义为家庭纯收入减去全部消费支出，但除去了耐用消费品、学费、房屋支出这些在不同时期产生流量的项目，也就是将耐用品等项目视为储蓄而非消费，我们样本中利息收入很少，就直接使用农户纯收入指代劳动收入。

以上 5 种储蓄的测度指标，无法先验的区分优劣。我们将同时报告 5

种储蓄定义的估计结果并对其进行比较。为了下一步分析流动性约束,本文还利用完全的资产定义(含房屋原值),按照 1995 年初的资产拥有量将农户划分为"初始财富 5 等分组",这样处理是为了尽量避免分组标志的内生问题[①]。

7.3　农户收入变化的计量模型及其估计结果

根据式的指导框架,同时考虑式(7.1)中的家庭偏好特征建立收入差分的计量模型式(7.8):

$$\Delta y_{it} = \beta_0 + \boldsymbol{\beta}_1^k save_{it-1}^k + \boldsymbol{X}\beta + \alpha_i + \varepsilon_{it} \qquad k = 1, 2, 3, 4, 5 \qquad (7.8)$$

在式(7.8)中,下标 i 和 t 分别表示"农户"和"年";解释变量 Δy_{it} 为 t 期的收入差分,$save$ 是本文估计的关键变量储蓄,分别取 5 种定义进行估计;$\boldsymbol{X}$ 为其他表示家庭偏好的解释变量向量,包括家庭人口学特征、户主特征、其他社会特征与土地面积,这些作为控制变量进入方程;α_i 为农户家庭的异质性(Heterogeneity),ε_{it} 为随机扰动项,诸 β 为待估参数向量。

在式(7.8)中,储蓄都滞后一期进入模型,主要是为了克服储蓄与收入同时测量导致测量误差引起的储蓄参数 $\boldsymbol{\beta}_1^k$ 的伪相关(Spurious Correlation)出现,尤其是 $save5$,因此所有的储蓄变量都滞后一期进入估计,方程所涉及变量的描述统计参见表 7-1。

表 7-1　模型变量描述统计

变量	均值	标准差
被解释变量:收入差分	838.794	19755.620
滞后 1 期储蓄(5 种测度)		
save1	1277.072	19713.200
save2	1265.342	19753.800

---

① 严格说来,这种分组标志的性质只是"前定的",而非"超外生的"。

save3	1500.476	36340.120
save4	6308.050	76085.710
save5	544.461	23787.660
家庭常住人口	4.423	1.830
户主年龄	47.538	11.720
户主年龄平方/100	23.941	11.287
户主教育程度=小学	0.430	0.495
户主教育程度=初中	0.401	0.490
户主教育程度=高中等	0.094	0.293
户主教育程度=大专及以上	0.001	0.025
国家干部、职工户=1	0.058	0.233
乡、村干部户=1	0.053	0.224
家庭劳动力数量	2.641	1.144
其中:男劳动力	1.467	0.661
年初经营耕地面积(亩)	4.387	6.198

略去时间(年)哑变量结果

注:描述统计基于模型的有效样本数。

表 7-1 的描述统计显示出,按照资产差分不同口径测量的储蓄指标差别较大,定义的口径越宽,则均值越大,但是变异程度也越大;按照收入消费差定义的储蓄,变异程度高于流动性较强的两种口径资产差分定义的储蓄。如果变异程度较大,包含有测量误差的成分,则先验判断,变异程度较大的测量指标出现衰减偏误(Attenuate Bias)的可能性也高,即变异程度大的几个测量指标系数绝对值应该相对较小一些。当然,这种影响也有可能是因为流动性造成的,即农户储蓄预防收入波动首先考虑增加和减少的是变现能力较强的资产形式,但二者的影响在现有的框架下无法有效区分。

　　在正式估计之前,首先需要考虑稳定性问题。根据 PIH/LCH,农户的收入如果是稳定过程,农户储蓄的目的是为了平滑消费,而非积累资财,则储蓄也将是一个稳定过程,因而滞后储蓄对于消费的预测是有效的,并且这种有效性并不依赖于对的假定。因此首先检验收入过程与储蓄的时序稳定性既是应用式框架的前提,又是估计结果稳健性的一种保证。本文使用面板数据单位根方法对收入和 5 种储蓄序列进行检验,Fisher 检验(Maddala and Wu,1999)的结果表明收入序列和 5 个储蓄序列都在 0.01 的显著水平上拒绝了单位根存在的零假设[①],因此,在一定程度上表明,运用式作为经验研究的框架是可以接受的。

　　因为我们的样本数据存在一个嵌套结构,有可能产生同一村的农户之间扰动项的协方差不为"0"的情况,因此有必要进行协方差矩阵的 Cluster 校正,否则,容易低估标准误,高估显著水平(p 值)。考虑这些因素,利用固定效应模型剔除农户异质性以后将式的估计结果报告在表 7-2。

表 7-2　储蓄对农户收入的固定效应模型估计结果(使用不同的 5 种储蓄测度)

模型	模型 1	模型 2	模型 3	模型 4	模型 5
解释变量	系数/ (标准误)	系数/ (标准误)	系数/ (标准误)	系数/ (标准误)	系数/ (标准误)
常数项	−58839.809	−58842.907	−56522.501	−63729.443	−51253.194
	(40824.653)	(40828.915)	(39107.224)	(39410.863)	(38398.992)
滞后 1 期储蓄(元)	−0.080 ***	−0.081 ***	−0.051 ***	−0.032 ***	−0.037 *
	(0.018)	(0.018)	(0.007)	(0.003)	(0.020)
家庭常住人口	900.079 **	900.013 **	952.721 ***	1005.416 ***	845.740 ***
	(338.272)	(337.864)	(349.794)	(355.157)	(284.595)
主要劳动力年龄	1553.190	1554.206	1493.171	1632.180	1375.616

　　① 另一种能够用于大 N 小 T 这种宽面板数据的检验方法不能用于不平衡的面板数据,因此本文仅使用 Fisher 方法检验面板单位根。文献参见 Banerjee, A. ,"Panel Data Unit Roots and Cointegration: An Overview",*Oxford Bulletin of Economics and Statistics*,1999,(Special Issue), pp. 607—629. 和 Kyung So Im,M. ,etal. ,"Testing for Unit Roots in Heterogeneous Panels",*Journal of Econometrics*,2003,Vol. 115 pp. 53—74.

	(1252.573)	(1253.124)	(1199.189)	(1201.132)	(1176.206)
主要劳动力年龄平方/100	−794.698	−796.457	−774.735	−768.032	−720.356
	(817.566)	(818.440)	(783.436)	(781.569)	(750.813)
家庭劳动力数量	2077.546 ***	2077.568 ***	2081.419 ***	2076.174 ***	1983.327 ***
	(607.479)	(607.464)	(610.512)	(621.647)	(593.240)
其中:男劳动力	−1276.245 *	−1273.885 *	−1291.779 *	−1334.679	−1361.742 *
	(679.030)	(678.679)	(715.520)	(796.563)	(783.577)
年初经营耕地面积(亩)	−112.293 ***	−111.982 ***	−115.128 ***	−116.074 ***	−100.807 ***
	(35.879)	(35.770)	(34.944)	(35.117)	(30.086)
户主教育程度＝小学	−163.957	−168.651	−294.342	−382.102	−302.595
	(638.292)	(634.491)	(630.128)	(639.511)	(616.208)
户主教育程度＝初中	−774.087	−779.050	−765.318	−724.490	−856.086
	(734.032)	(731.675)	(773.902)	(766.310)	(767.198)
户主教育程度＝高中等	−949.514	−955.853	−987.665	−676.938	−1128.961
	(1295.020)	(1292.926)	(1330.850)	(1233.491)	(1305.008)
户主教育程度＝大专及以上	−4090.997	−4105.219	−4142.909	−4398.233	−3763.850
	(4684.488)	(4686.651)	(4847.984)	(5100.858)	(4281.178)
国家干部、职工户＝1	2718.678 **	2720.337 **	2604.937 **	2916.968 *	2404.045 **
	(1090.368)	(1090.851)	(1126.946)	(1507.794)	(961.402)
乡、村干部户＝1	1767.453	1769.532	1709.059	1814.196	1675.371
	(1912.339)	(1912.183)	(1954.030)	(1948.178)	(1916.303)
略去时间(年)哑变量结果					
对数似然	−71072.356	−71071.990	−71065.050	−71045.959	−71085.935
有效样本数	6330	6330	6330	6330	6330
Adj. R²	0.024	0.024	0.026	0.032	0.019
F 值	20.014 ***	20.312 ***	70.013 ***	33.86 ***	8.795 ***

表 7-2 中的模型编号 1-5 分别对应 5 种不同的储蓄测量。估计的结果显示和理论预期一致,在控制了其他因素以后,储蓄差分对于收入变化都有

显著的预测效果,农户储蓄对应于其方向相反的未来一期收入变化,并且系数都在统计上显著。和描述统计的结果对应,流动性较强的资产差分定义的储蓄($save1,save2$)预测收入变化的绝对值较大;而更为广义资产测度差分定义的储蓄($save3,save4$)系数绝对值要小一些。值得注意的是,按照收入消费差滞后1期定义的储蓄($save5$)的系数其绝对值大大小于流动性较强的资产差分定义储蓄,这可能是因为标准差较大,存在测量误差也较大的缘故。

因为$save1 \sim save4$之间是通过资产不断叠加递进定义的,因此他们之间的系数差异也表明,农户不同资产作为储蓄应付未来收入变化的作用。例如$save2$和$save3$之间差别为农户的"生产性、非生产性固定资产差分",二者的系数之差0.030,表明农户固定资产的变化体现的预防性储蓄效果,但是其中可能含有的测量误差则无法剥离。和图7-1将收入设为外生独立同分布过程的模拟结果回归系数(0.124)相比较,表7-1的储蓄系数都小于模拟结果系数,也说明测量误差的存在。

当然,对于收入随机过程用独立同分布刻画存在问题:主要的考虑是农户收入可能存在一个明显的时序相依问题,即t期收入和t−1期收入之间可能存在某种关联,有必要放松收入随机过程的独立同分布假定。我们对收入进行面板序列相关检验(Baltagi and P. X. Wu,1999;Bhargava, et al., 1982)结果显示出农户收入存在显著的序列相关特征,一阶自相关系数为0.497;图7-1和图7-2的模拟结果比较发现,收入存在自相关对最优消费与资产路径的影响是较为明显的,在收入存在自相关条件下,农户平滑消费需要更多的资产积累,就是农户预防性储蓄对于平滑消费有更大的作用;图7-2的资产均值为收入均值的14%(图7-1仅为10%),收入变化对滞后储蓄的回归系数为0.138(图7-1仅为0.124)。由此看来,没有考虑序列相关的估计结果不符合数据的现实特征。虽然是取收入差分估计,但我们考虑扰动的一阶自相关,重新估计式,结果列示在表7-3。

表 7-3　储蓄对农户收入的固定效应模型估计结果

（使用不同的 5 种储蓄测度，AR(1)调整）

模型	模型 1	模型 2	模型 3	模型 4	模型 5
解释变量	系数/ (标准误)	系数/ (标准误)	系数/ (标准误)	系数/ (标准误)	系数/ (标准误)
Constant	−65996.229	−66129.427	−77301.907	−79996.470	−61732.804
	(107584.498)	(107576.165)	(107093.820)	(107092.485)	(107914.989)
滞后 1 期储蓄(元)	−0.098 ***	−0.098 ***	−0.064 ***	−0.041 ***	−0.037 ***
	(0.014)	(0.014)	(0.006)	(0.004)	(0.012)
家庭常住人口	852.401 **	851.649 **	984.203 ***	955.761 ***	818.078 **
	(357.210)	(357.193)	(358.070)	(357.502)	(357.567)
主要劳动力年龄	1748.603	1750.999	1947.759	2002.350	1610.004
	(2702.771)	(2702.992)	(2763.948)	(2747.406)	(2689.931)
主要劳动力年龄平方/100	−912.736	911.713	−888.741	−875.810	−786.132
	(1101.799)	(1101.882)	(1126.130)	(1119.455)	(1096.610)
家庭劳动力	2083.439 ***	2084.928 ***	2190.845 ***	2144.810 ***	1954.102 ***
	(692.553)	(692.521)	(692.805)	(692.013)	(693.751)
其中:男劳动力	−729.166	−728.774	−790.782	−763.809	−760.133
	(1012.449)	(1012.400)	(1012.684)	(1011.590)	(1014.142)
年初经营耕地面积	−79.198	−79.303	−87.779	−83.870	−71.894
	(95.581)	(95.579)	(96.023)	(95.825)	(95.604)
户主教育程度=小学	−660.594	−675.929	−756.260	−956.363	−872.285
	(1848.118)	(1848.045)	(1854.728)	(1851.416)	(1849.190)
户主教育程度=初中	−620.606	−633.288	−443.723	−616.383	−793.081
	(1890.369)	(1890.299)	(1897.274)	(1893.700)	(1891.361)
户主教育程度=高中等	−226.295	−237.521	72.671	−24.929	−549.236
	(2293.946)	(2293.866)	(2303.100)	(2298.661)	(2295.197)
户主教育程度=大专及以上	−4298.927	−4316.815	−4487.789	−4554.536	−3929.107
	(13481.390)	(13479.797)	(13325.096)	(13345.545)	(13549.485)
国家干部、职工户=1	19.996	26.700	69.256	298.982	−255.995
	(1992.163)	(1992.141)	(2002.549)	(1998.625)	(1991.844)
乡、村干部户=1	1233.049	1224.601	1254.096	1315.625	1408.653
	(2017.426)	(2017.376)	(2023.301)	(2019.876)	(2018.732)

略去时间(年)哑变量结果					
对数似然	−59466.792	−59466.378	−59441.956	−59441.803	−59483.022
有效样本数	5275	5275	5275	5275	5275
Adj R²	0.218	0.217	0.194	0.197	0.229
F值	7.554 ***	7.610 ***	12.599 ***	12.024 ***	5.253 ***
一阶自相关系数 rho	0.152	0.152	0.175	0.170	0.145
Bhargava DW	1.701	1.701	1.663	1.670	1.713
LBI	2.279	2.279	2.248	2.254	2.287

注：***：1%水平上显著；**：5%水平上显著；*：10%水平上显著，"()"内数字为包括使用 Bootstrap 产生的 cluster 校正稳健标准误。

表 7-3 的估计结果显示出，和没有考虑扰动自相关的估计结果相比，5 个模型的对数似然和判定系数都增加不少，似然比检验的结果也大致表明。的估计结果存在误设，Bhargava DW 和 LBI 值也表明序列相关的调整是必要的。各个相应模型的滞后储蓄系数绝对值几乎都有所提高（save5 除外），更加接近模拟序列产生的结果。save5 虽然系数绝对值几乎不变，但是显著水平增加不少。以 save1 和 save2 的流动性较强之资产差分定义而言，农户储蓄对于未来收入变化具有明显的预测效果，平均而言，储蓄增加（或减少）100 元，预示着未来 1 期的收入减少（或增加）10 元左右。

要进一步检验理论预期，我们考虑流动性约束问题，采用初始年份（1995 年）农户财富（按照 save4 资产定义）五等分组体现流动性约束，假定财富较少的组别（贫困组别）受到的流动性约束越强，分别估计式，进行了 AR(1)调整的估计结果列示在表 7—4。

表 7-4　按照初始财富五分组估计的储蓄对收入变化影响的系数结果

财富5分组	储蓄1	储蓄2	储蓄3	储蓄4	储蓄5
贫困组	−0.172 ***	−0.171 ***	−0.132 ***	−0.098 ***	−0.085 **
次贫困组	−0.146 ***	−0.146 **	−0.066 ***	−0.035 ***	−0.019 *
中等组	−0.069 ***	−0.071 ***	−0.069 ***	−0.050 ***	−0.058 *
次富裕组	−0.087 ***	−0.088 *	−0.066 ***	−0.035 **	−0.155 ***
富裕组	−0.072 ***	−0.072 **	−0.061 ***	−0.028 **	−0.023 **

注：***：1%水平上显著；**：5%水平上显著；*：10%水平上显著，计算显著水平的标准误进行了 Cluster 校正；略去其他解释变量和统计量的结果。

表 7-4 的结果显示出和 PIH/LCH 理论暗示大致吻合,受到流动性约束较强的组别,更加依赖于预防性储蓄,即同一储蓄定义下,贫困组的储蓄预示收入变化的效果最为明显,而富裕组别最小;这是因为贫困组别农户借贷困难,主要依靠储蓄平滑消费,他们的储蓄也就具有更多预示收入变化的作用。同一个组别不同的储蓄定义估计系数值比较,仍然表明一致的模式,系数大小同时受到资产流动性和测量误差的影响。系数估计较为不稳定的是收入消费差定义的储蓄。

分组估计的结果显示所有储蓄的系数都在统计上显著,这更加稳健的证明了 PIH/LCH 理论下农户储蓄行为的理性预期假说,也就是表明,在考虑了流动性的条件下,储蓄依然是收入变化较好的一个预测变量。

7.4　第 7 章小结

本文利用 PIH/LCH 模型框架,通过跨度 8 年的农户微观面板数据检验了农户储蓄的理性预期假说,经验研究的主要发现包括:1. 中国农户的储蓄行为符合理性预期假说,农户的储蓄是计算未来收入的一个较好预测变量;2. 农户储蓄和农户未来的收入变化呈现显著的负向联系,平均来说,储蓄变化 100 元昭示未来一年的收入反向变化 10 元左右;3. 受到流动性约束越强的农户储蓄对收入变化的预期作用更加明显,流动性越强的资产变化对于未来收入变动的预期作用也更加明显。通常的收入消费差定义的储蓄受到测量误差的影响最为明显,不太适合直接用于预测收入变化。

本文的估计结论首先对于现实的拉动内需政策有一定意义,目前居民储蓄水平居高不下,已稳稳地站在了 20 万亿元人民币的上方,达到历史上居民储蓄数额的顶点。中国人民银行公布的数据显示,2008 年 8 月末,金融机构人民币各项存款余额为 45 万亿元,同比增长 19.28%,比上月末低 0.32 个百分点;当月人民币各项存款增加 6501 亿元,同比多增 39 亿元;从分部门情况看,居民存款增加 3404 亿元,同比多增 3823 亿元(去年同期减少 418 亿元)①。

　　而目前的一些分析者只是简单的看到自 2005 年中国 A 股市场开启新一轮牛市之后,居民储蓄与股市行情就不断上演着"相互纠缠"的历史,股市好则储蓄降,股市弱则储蓄升这样的现象;事实上,从广义而言,金融资产和货币都是老百姓的储蓄,仅仅是资产的不同形式罢了②。从本文的结论来看,真正影响老百姓储蓄居高不下的原因是对未来收入的预期,如果对于未来收入的预期不乐观,则很难启动消费,单纯的所谓"救市"是发挥不了长期作用的。一些短期增加收入的措施效果毕竟有限,因为居民的消费决定于持久收入,暂时性的收入增加只会被大量储蓄起来,从而造成居民储蓄接连"再创高峰"。

　　因此,本文在政策上的含义是基于长期而言的,改善大多数人收入增长的政策才能够取得效果,包括社会保障制度完善、新农村建设、人力资本投资等等;重中之重是就业的促进,建立大多数人对持久收入乐观预期的信心。

　　本文的结论主要是基于微观主题的最大化与理性预期行为,未必能简单套用宏观数据进行收入波动和消费预测,详细的理由可以参见 Deaton (1992b)的经典著作,这里简单使用统计年鉴的数据绘制中国 1986—2006 年的农民收入差分与滞后储蓄的散点图进行一个简要说明(图 7-3),结果表明在宏观上呈现的是二者的正相关关系。撇开理论假定上的不足,即便在计量层面上,使用宏观数据本质上是一种忽视了组内变化的 Between 估计量,产生与微观证据相背离的生态谬误(Ecological Fallacy)问题也就不足为奇了。

　　就这个简单的例子而言,本文的理论应用上的含义是理解消费,无论在

---

① 新华网北京 9 月 12 日电,"新闻分析:居民储蓄升至历史新高说明了什么?",新华网,网址: http://news. xinhuanet. com/fortune/2008-09/12/content_9947171. htm,2008 年 12 月 29 日下载于云南昆明。

② 外汇存款也一举扭转前几个月急剧减少的态势,转而快速增加。数据显示,2008 年 8 月末外汇各项存款余额 1743 亿美元,同比增长 7.17%,当月外汇各项存款增加 49 亿美元,同比多增 46 亿美元(来源同上)。

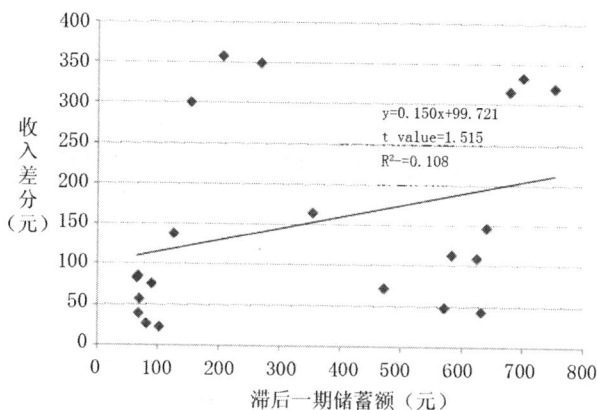

资料来源:历年《中国统计年鉴》,2008 年下载于国家统计局网站,网址:http://www.stats.gov.cn/tjsj/ndsj/,云南昆明;价格按照 CPI 进行平减处理,储蓄按照人均收入一人均消费计算。

图 7-3　中国农民收入变化与储蓄

(1986－2006 年,《中国统计年鉴》数据)

政策上还是理论应用上都是一个严格的、基于微观基础的严肃问题。在如今正需稳定国民经济信心之际,本文希望为政策制定者提供参考;为后来研究者提供方向,应更加着重"以人为本"之思想,对研究采取谨慎之态度,避免"治疗比疾病更糟"的情况。本文使用的数据较早,要对当前的拉动内需提出基于严格经验研究的政策建议,还需要其他的研究利用近期的数据来完善。

第8章 人口学特征与农户消费增长

中国农户的家庭人口学特征近年来呈现出显著的变化,最为明显的特征就是家庭的小型化和家庭负担系数的持续降低(图 8-1),到了 2002 年以后这种趋势逐渐减缓。关注于长期的农村消费问题对于人口学特征影响不能被忽视,其意义还不仅仅在于短期内对拉动农村消费的政策导向。

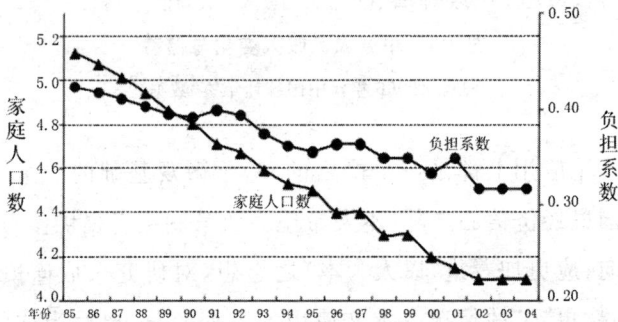

资料来源:根据中国农业部,2007,"中国农村统计资料",中国农业信息网,网址:http://www.agri.gov.cn/sjzl/,计算而来。

图 8-1 农村家庭人口数和负担系数时序变化(1985~2004)

国内学者在微观层面上对于消费的研究,也逐渐开始关注农村家庭的消费和储蓄行为,近期两个代表性的成果包括曹和平(2002)和罗楚亮(2006)利用微观短期面板数据对农户预防性动机和消费保险分散的研究。但是罗楚亮的研究使用的数据本质上是截面数据,利用回忆补充的短期面板,存在测量误差和一些关键变量依靠平均数代替的问题。国内研究者对于农户人口学特征的变化对消费的影响尚缺乏关注。

基于人口学特征对于农户消费变化的长期意义与国内相关研究的缺乏,本文的主要目标是利用来自中国八省的微观面板数据研究近年来农户的人口学特征对于消费的影响。下面的分析分为三个部分展开:第 1 部分是分析理论框架与数据基本情况的介绍;第 2 部分是计量模型与估计结果;第 3 部分是结论与评述。

8.1　理论框架与数据介绍

本文的理论框架,主要从 Hall 的两篇经典文献出发(Hall,1978;Hall and Mishkin,1982),考虑一个期望跨期效用函数的约束条件最大化问题,求解获得 Euler 方程的一阶条件式(8.1):

$$E_t u^{'}(c_{t+1},\theta) = \gamma u^{'}(c_{t+1},\theta) \tag{8.1}$$

式(8.1)中,$u^{'}(\cdot)$ 为消费的边际效用,$\gamma=(1+\delta)/(1+r)$(δ 为偏好率,r 为实际利率),表示为计量模型式(8.2):

$$u^{'}(c_{t+1},\theta) = \gamma u^{'}(c_t,\theta) + \varepsilon_{t+1} \tag{8.2}$$

Hall 证明了边际效用的随机过程是一种鞅过程,因此 ε_{t+1} 与预测 c_{t+1} 的所有新息(Innovation)都不相关,一些文献不太严格地说成:式(8.2)是一个随机游走过程。

式(8.2)中加入短期稳定的人口学特征,可以利用一阶条件分析人口学特征对于最优消费增长轨道的边际影响。在实际操作中,往往将式(8.2)消费的边际效应设为线性函数,γ 设为 1,移项以后,将消费的增长率取对数,以 $\log\Delta c_t$ 作为被解释变量。同时,需要兼顾流动性约束和预防性储蓄的问题,具体的计量模型在下一节建立。

本文使用的数据来自于农业部农村固定观察点(以下简称"RCRE 数据"),样本来自中国八省的农村,包括 2,440 个农户,28,724 个人。数据是自 2003~2006 年,跨期 4 年的微观面板数据,4 年都有的样本农户 1,919 户,占 78.7%。数据包括了详细的家庭人口、社会经济等指标,从 2003 年开始,调查问卷还包括了家庭中个人的详细信息。在正式分析之前,价值指标都按照当年农村 CPI 折为可比价格(2006＝100)。

首先,从总体上考察样本人群的年龄和性别结构;样本数据分年份人口金字塔的比较参见图 8-2;结果显示出,4 年内样本人口的性别、年龄结构变化不大;与第五次人口普查的农村数据相比,样本人口金字塔特征与普查数据较为吻合,本文的数据具有较好的代表性。

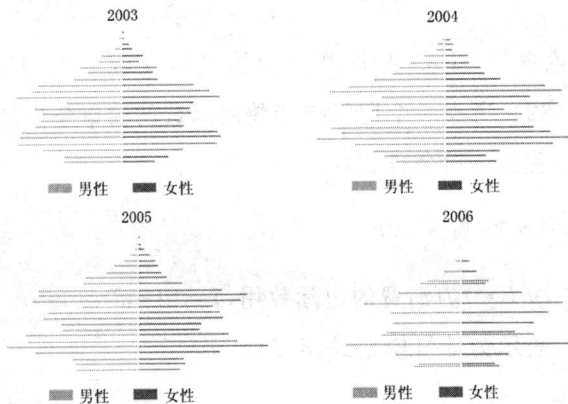

图 8-2　样本农户人口金字塔比较

其次,样本的家庭结构①参见表 8-1。样本中核心家庭占了近 2/3,直系家庭占了接近 30％,近年来,直系家庭比例逐渐增加,但是变化很小。核心家庭平均人口数为 3.6,直系家庭平均人口 5.2 人。

---

① 定义根据 RCRE 问卷指标解释,家庭是以通过婚姻建立的以夫妇关系为中心的近亲者进行共同生活的集体。家庭类型一般是指家庭成员的构成方式,其划分标准如下:核心家庭由一对夫妇或一对夫妇与未婚子女组成的家庭;直系家庭由一对夫妻(可包括其子女)和夫妻一方的父母、祖父母等多对夫妻组成的家庭;扩展家庭指由两对以上夫妻组成,但其中至少两对夫妻之间不存在任何亲子关系的家庭;不完全家庭指不存在完整夫妻关系的家庭;其他类型是除以上之外的家庭类型。

表 8-1 农户家庭类型结构

年份	核心家庭	直系家庭	扩展家庭	不完全家庭	其他	合计
2003	65.70	28.11	2.17	3.68	0.35	100.00
2004	65.42	26.81	3.05	4.25	0.46	100.00
2005	64.47	28.33	3.00	3.71	0.49	100.00
2006	63.03	29.90	2.33	4.34	0.41	100.00
合计	64.67	28.29	2.63	3.99	0.43	100.00

再次,对常用的 4 个人口学特征指标进行描述,结果参见表 8-2。结果显示出,样本家庭人口数变化不大,家庭人口数大致为 4 人左右,与表 8-1 的结果吻合,农户以"核心家庭"为主;户主年龄平均为 38 岁左右;家庭成员平均年龄为 51 岁左右;女性比例为 47.4%。

表 8-2 农户家庭人口学变量描述

指标	家庭人口数		户主年龄		平均年龄		女性比例	
年份	均值	标准误	均值	标准误	均值	标准误	均值	标准误
2003	4.076	0.033	38.170	0.257	50.506	0.256	0.474	0.003
2004	4.124	0.035	38.435	0.267	51.373	0.255	0.474	0.003
2005	4.067	0.035	38.959	0.258	51.807	0.246	0.466	0.004
2006	4.041	0.034	39.592	0.265	52.561	0.251	0.480	0.004
合计	4.077	0.017	38.787	0.131	51.557	0.126	0.474	0.002

根据已有的研究,最为直接理解消费与家庭规模之间关系的理论基础在于家庭消费的规模经济:即如果家庭存在某种消费的规模经济,例如同一家庭成员可以分享一定的家庭公共品[①],人均消费和家庭人口数之间会呈现负相关关系,人均消费随着家庭人口数的增加逐渐下降。对我们的样本数据混合绘制散点图,利用非参数局部回归捕捉人均消费和家庭人口数之间的关系;同时,对局部回归的斜率(离散态下,表为"差分")和家庭人口数

---

① 例如房屋,食物准备材料等支出,一般不会随家庭规模增加同比例增加。

再进行非参数回归(9 人以上家庭归为一类),结果参见图 8-3。

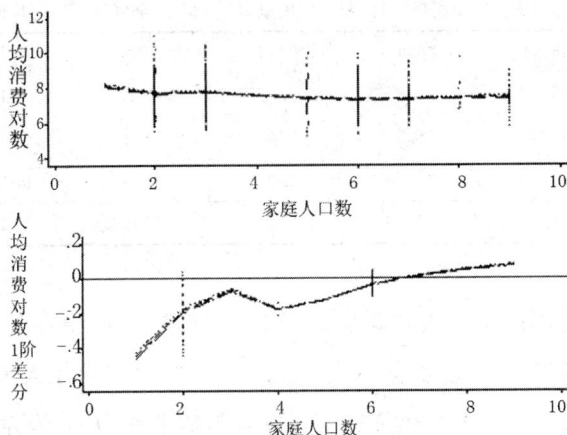

图 8-3 农户人均消费与家庭人口数核回归结果

(含 95％置信区间)

图 8-3 的结果与家庭消费规模理论预期一致,家庭人均消费和家庭规模大致呈现负相关,但有某些非线性特征。从边际效果来看,6 人以下的家庭,其人均消费的边际都为负值,6 人以上的家庭,人均消费随家庭规模的扩大,转为正值;大致表明样本农户的最优家庭规模大致在 6 人,家庭规模如果再扩大,则会导致规模不经济。从边际变化来看,大致呈现边际的递增形态,表明人均消费是家庭规模的一个凸函数,但是并非严格的凸函数,局部为凹。

家庭规模经济传统上是在静态条件下的消费与人口学特征的关系;在动态方面,已有文献更多关注的是生命周期与消费的关系,标准的 PIH/LCH 从跨期选择的角度对式进行年龄特征的解释:中年时期,闲暇较少,消费的边际效用较高;为保持式的平衡,则中年消费增加(因为效用函数边际递减),而青少年与老年则相反(Deaton,1992)。这个推论暗示消费可能与年龄呈现一种倒 U 型关系,消费是消费者年龄的凹函数。

我们使用家庭成员平均年龄对人均消费对数进行非参数回归,同样对消费的一阶差分也进行回归,结果参见图 8-4。结果显示出,人均消费与家庭成员平均年龄之间呈现出二次凹函数关系,40 岁附近与 55 岁附近是人均消费的两个峰值。从一阶差分来看,这种关系并非是严格的,消费差分和年龄的关系也呈现非线性双峰特征。

　　从图 8-3、图 8-4 的结果来看,已有研究对消费与人口学特征之间的理论预期和数据结果部分吻合,但消费增长与人口学特征之间的关系却并不清晰,消费的变化与人口学特征之间的关系并非完全有理论预期的二阶单调特征。因此,本文姑且将其视为一个经验问题,而非理论验证。

　　本节的描述统计具有一定启发,但是要理解人口学特征和消费增长之间的关系还需要建立正式的计量模型进行控制;但本节的描述统计清晰显示出消费增长和人口学特征之间存在非线性关系,这在计量估计过程中需要认真加以处理。另外,非参数回归的结果是简单混合全部数据进行描述,其中同时混杂了组内和组间的变异,这需要利用面板数据的估计方法剔除户的异质性(Heterogeneity)得出参数一致估计。

　　这些问题在下一节利用正式的面板数据建模加以估计和阐述结果。

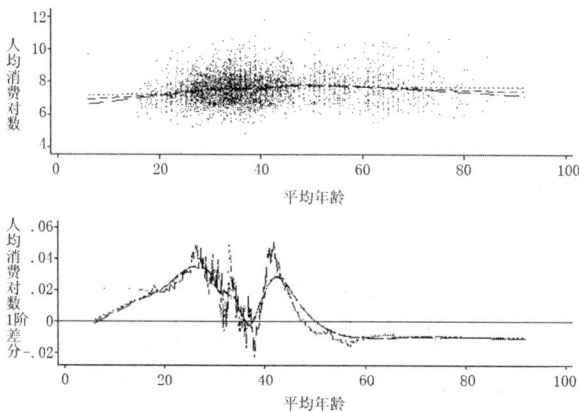

图 8-4　农户人均消费与家庭成员平均年龄核回归结果

8.2 人口学特征对农户消费的计量模型及其估计结果

根据式的框架,建立农户消费增长的基本计量模型式(8.3):

$$\log\Delta c_{it} = \beta_0 + \beta_1 fscal_{it} + \beta_2 age_{it} + \beta_3 sexr_{it} + \beta_4 \log\Delta y_{it} + xn + \alpha_i$$
$$+ \varepsilon_{it} \tag{8.8}$$

式(8.3)中,下标 i 和 t 分别表示农户 i 和时间(年份 t);被解释变量 $\log\Delta c_{it} = \log\left(\dfrac{c_{it}}{c_{it-1}}\right)$ 为农户人均消费增长率,计算消费时剔除耐用品和教育支出,只考虑当期消耗的项目;$fscal/age/sexr$ 分别表示农户家庭人口学特征三个关键变量:家庭规模、消费者年龄(分别以户主年龄和家庭成员平均年龄表示)与农户家庭成员性别比例(以女性成员比例表示),这三个家庭人口学特征是本文的关键变量;$\log\Delta y$ 表示收入增长率,用以控制农户的预防性储蓄和检验持久收入假说。如果持久收入假说成立,则消费不会跟随收入变动,式(8.3)的 $\log\Delta y$ 系数 β_4 不会显著异于"0";如果 β_4 显著为正,但小于 1,则持久收入假说不成立,并且体现了预防性储蓄行为;x 表示其他控制变量向量,包括家庭其他特征与时间哑变量,包含滞后 1 期的农户财富对数以控制流动性约束;ε 表示随机扰动项;诸 β 表示待估参数向量,α_i 为观测不到的农户异质性。

因为 RCRE 数据中,农户是嵌套于村庄被抽取的,为了避免高估系数的标准误,采用 cluster 校正方法进行统计推断,利用固定效应模型消除农户异质性。因为消费取差分,因此一些不完全的农户样本没有被包含,但是比例不大。

估计的第一步首先考虑线性模型,包括 4 种不同的设定;首先概括地使用农户家庭类型哑变量指代人口学特征估计(模型 1),其次明确利用 fscal/age/sexr 带入式(8.3)进行估计(模型 2 和 3),最后将家庭人口数展开为哑变量进行半参数的估计(模型 4);

为了解释的方便,模型 1 中的家庭类型哑变量组和模型 4 中的家庭人口数哑变量组系数分别设定成与后一类别的离差估计量，4 个模型的估计结果参见表 8-3。

表 8-3　农户消费增长与人口学特征回归结果

模型	模型 1	模型 2	模型 3	模型 4
解释变量	系数/(标准误)	系数/(标准误)	系数/(标准误)	系数/(标准误)
Constant	0.549	1.329 ***	1.259 ***	0.850 **
	(0.422)	(0.398)	(0.432)	(0.391)
家庭人均纯收入对数差分	0.469 ***	0.457 ***	0.457 ***	0.452 ***
	(0.056)	(0.042)	(0.042)	(0.052)
核心家庭＝1	0.032			
	(0.076)			
直系家庭＝1	0.039			
	(0.190)			
扩展家庭＝1	−0.181			
	(0.364)			
不完全家庭＝1	0.424 *			
	(0.240)			
国家干部职工户＝1	−0.038	−0.006	−0.005	0.005
	(0.123)	(0.087)	(0.087)	(0.105)
乡村干部户＝1	−0.166	−0.176	−0.177	−0.181
	(0.167)	(0.124)	(0.124)	(0.151)
党员户＝1	−0.071	−0.025	−0.027	−0.035
	(0.083)	(0.068)	(0.068)	(0.081)
军烈属户＝1	−0.095	−0.134	−0.146 *	−0.142
	(0.110)	(0.084)	(0.083)	(0.109)
五保户＝1	0.034	0.134	0.137	0.221 *
	(0.224)	(0.108)	(0.107)	(0.116)
少数民族户＝1	−0.724	−0.927	−0.926	−0.938
	(0.612)	(0.617)	(0.625)	(0.783)
信教户＝1	0.194	0.189	0.187	0.173
	(0.201)	(0.157)	(0.156)	(0.198)

滞后1期财富对数	−0.060*	−0.068***	−0.066***	−0.067**
	(0.030)	(0.023)	(0.023)	(0.029)
家庭人口数		−0.098***	−0.092***	
		(0.028)	(0.034)	
户主年龄(周岁)		0.001		
		(0.002)		
家庭女性百分比		−0.006**	−0.006**	−0.003
		(0.003)	(0.003)	(0.002)
家庭成员平均年龄(周岁)			0.005*	−0.007**
			(0.003)	(0.004)
家庭人口数=1				0.487*
				(0.272)
家庭人口数=2				0.168*
				(0.095)
家庭人口数=3				0.076
				(0.119)
家庭人口数=4				0.150*
				(0.086)
家庭人口数=5				0.080
				(0.053)
家庭人口数=6				0.158**
				(0.077)
家庭人口数=7				0.058
				(0.165)
家庭人口数=8				−0.198
				(0.156)
略去年份哑变量结果…				
对数似然	−4382.651	−4278.431	−4322.072	−4301.273
有效样本数	6166	6135	6163	6163
Adj R²	0.384	0.396	0.395	0.398
F值	10.485***	20.250***	19.650***	20.716***

注:*** :1%水平上显著;** :5%水平上显著;* :10%水平上显著,"( )"内数字为进行了 cluster 校正的稳健标准误。

模型 1 的估计结果显示,控制其他因素以后,不同家庭类型之间不存在人均消费增长率的显著差异,但联合检验的 F 值在 10% 水平上显著。在明确控制人口学特征的模型 2 和模型 3 中,家庭规模和女性比例对于农户的消费增长都具有显著的影响,家庭人口数增加和女性比例增加显著导致消费增长率下降,在模型 3 中,家庭成员平均年龄对于人均消费增长具有显著的正向影响(10% 水平上),但在模型 2 中,以户主年龄表示的消费者年龄则没有显著影响。模型 4 利用半参数结构将家庭人口数设为一组哑元,与样本中多一人的家庭进行比较,这是一种不施加函数形式约束的灵活方式;结果显示出一致的模式,家庭人数少一人的农户,人均消费增长率都高,几个显著的类别分别是 1 人家庭比 2 人家庭,2 人家庭比 3 人家庭,4 人家庭比 5 人家庭,6 人家庭比 7 人家庭;这组哑变量联合检验的 F 值在 1% 的水平上显著。

比较模型 1-4 的估计结果,利用家庭类型概念表示人口学特征不太理想,这是因为家庭类型概念并非完全对应于人口学特征。平均年龄对人均消费增长的影响虽然为正,但是边际影响在统计上仅仅是勉强显著;家庭女性成员比例增加对于降低人均消费增长率效果显著,但系数较小;将家庭规模利用哑变量进入模型以后,则女性成员比例的系数和显著水平都有所降低。家庭规模对于消费的影响虽然在模型中都显著,但是展开成为半参数结构以后,发现家庭规模对于人均消费的影响并非呈现单纯的线性形态。模型 2 和模型 3 相比,户主年龄表达的消费者年龄不如使用家庭成员平均年龄变量理想。

与描述统计相比,简单将家庭规模和平均年龄设为线性函数解释人均消费增长率可能存在模型误设问题,但是完全利用哑变量展开则参数估计又不够简约,因此,我们利用家庭规模和家庭平均年龄的高阶多项式改进估计,最高阶次设为 4 阶。

一般的手工生成高阶自变量,会存在严重的共线性问题,影响估计的精度;这里借助 Golub and Loan (1996) 的方法,生成正交多项式进行估计。为了比较多项式的不同带入结果,分别进行估计,结果参见表 8-4。

表 8-4　农户消费增长与人口学特征回归结果(正交多项式解释变量)

模型	模型 5	模型 6	模型 7	模型 8
解释变量	系数/(标准误)	系数/(标准误)	系数/(标准误)	系数/(标准误)
Constant	0.675 *	0.624	0.903 **	0.866 **
	(0.367)	(0.535)	(0.371)	(0.390)
家庭人均纯收入对数差分	0.454 ***	0.453 ***	0.453 ***	0.453 ***
	(0.052)	(0.052)	(0.053)	(0.052)
家庭人口数 1 次项	−0.219 ***	−0.191 ***	−0.187 ***	−0.196 ***
	(0.048)	(0.048)	(0.047)	(0.068)
家庭人口数 2 次项	0.090 ***	0.072 **	0.073 **	0.075 **
	(0.031)	(0.028)	(0.029)	(0.035)
家庭人口数 3 次项	−0.021	−0.012	−0.013	−0.013
	(0.029)	(0.023)	(0.023)	(0.022)
家庭人口数 4 次项	0.029	0.025	0.024	0.025
	(0.027)	(0.023)	(0.023)	(0.022)
国家干部职工户=1	0.008	−0.008	−0.011	−0.004
	(0.112)	(0.114)	(0.111)	(0.112)
乡村干部户=1	−0.194	−0.185	−0.184	−0.194
	(0.155)	(0.152)	(0.151)	(0.156)
党员户=1	−0.031	−0.027	−0.031	−0.025
	(0.076)	(0.080)	(0.079)	(0.083)
军烈属户=1	−0.153	−0.143	−0.145	−0.154
	(0.110)	(0.109)	(0.109)	(0.108)
五保户=1	0.094	0.184	0.199 *	0.200 *
	(0.239)	(0.117)	(0.114)	(0.113)
少数民族户=1	−0.726	−0.952	−0.971	−0.925
	(0.569)	(0.760)	(0.743)	(0.780)
信教户=1	0.200	0.180	0.172	0.176
	(0.201)	(0.199)	(0.198)	(0.197)
滞后 1 期财富对数	−0.065 **	−0.068 **	−0.068 **	−0.066 **
	(0.030)	(0.030)	(0.030)	(0.029)
户主年龄对数		0.073		

		(0.105)		
家庭女性百分比		−0.004 *	−0.004 **	−0.004 *
		(0.002)	(0.002)	(0.002)
户主年龄 1 次项			−0.026	
			(0.041)	
户主年龄 2 次项			0.011	
			(0.035)	
户主年龄 3 次项			0.034	
		(0.033)		
户主年龄 4 次项			−0.031	
			(0.042)	
平均年龄 1 次项				−0.008
				(0.063)
平均年龄 2 次项				0.008
				(0.054)
平均年龄 3 次项				0.002
				(0.035)
平均年龄 4 次项				0.033
				(0.032)
略去年份哑变量结果…				
对数似然	−4313.746	−4260.129	−4257.898	−4302.101
有效样本数	6167	6135	6135	6163
Adj R²	0.398	0.399	0.400	0.398
F 值	12.178 ***	16.798 ***	18.692 ***	16.497 ***

注：*** :1%水平上显著；** :5%水平上显著；* :10%水平上显著，"( )"内数字为进行了 cluster 校正的稳健标准误。

带入多项式的估计结果主要特征体现在家庭规模方面,在模型 5—模型 8 中,家庭规模对于人均消费增长都具有显著的 1 次项和 2 次项,3 次项和 4 次项都不显著,呈现出人均消费增长率的一个凸函数特征。正交多项式的系数需要还原到普通多项式系数进行理解,结果参见表 8-5,在表 8-5 中,还同时报告了多项式系数联合检验的结果。

估计结果显示,多项式进入模型,家庭人口学特征中年龄因素对于人均消费增长率的影响都不显著,女性成员比例增加对于人均消费增长率呈现显著负向关系,但控制其他人口学特征高次项变量以后,系数有所降低。

表 8-5　还原的正交多项式解释变量系数

变量	1 次项	2 次项	3 次项	4 次项	F 值	p 值
家庭人口数(模型 5)	−0.172	0.052	−0.011	0.000	10.296	0.000
家庭人口数(模型 6)	−0.138	0.028	−0.009	0.000	9.717	0.000
家庭人口数(模型 7)	−0.138	0.028	−0.009	0.000	8.578	0.000
家庭人口数(模型 8)	−0.142	0.025	−0.009	0.000	8.156	0.000
户主年龄(模型 7)	−0.022	−0.003	0.000	0.000	0.606	0.661
平均年龄(模型 8)	−0.039	0.006	0.000	0.000	0.593	0.670

对于多项式解释变量的解释比较困难,需要求助于边际的计算。根据 Wooldridge(2002)的方法,计算多项式平均边际的结果显示在表 8-6。结果表明:家庭人口数减少 1 人,农户人均消费增长率提高大约 3% 左右。消费者年龄对于人均消费增长并无显著影响,无论使用户主年龄还是家庭人口平均年龄多项式都是如此。这一点并不奇怪,如果 PIH/LCH 成立,则消费遵循随机游走,农户的消费增长率不可预测;我们的两个重要控制变量:收入增长率和滞后一期财富在统计上都非常显著,农户的生命周期上体现出平滑消费的特征,使得年龄表现的生命周期特征在消费变化上并不显著,可能体现了农户通过预防性储蓄平滑消费的行为模式。

表 8-6　多项式解释变量的平均边际效应

变量	均值	标准误	95% 置信区间下界	95% 置信区间上界
家庭人口数(模型 5)	−0.029	0.003	−0.035	−0.023
家庭人口数(模型 6)	−0.033	0.002	−0.037	−0.029
家庭人口数(模型 7)	−0.033	0.002	−0.037	−0.029
家庭人口数(模型 8)	−0.029	0.000	−0.029	−0.029
户主年龄(模型 7)	−0.189	0.002	−0.193	−0.185
平均年龄(模型 8)	−0.053	0.000	−0.053	−0.052

比较令人费解的是家庭女性成员比例增加对于农户人均消费增长率有非常显著的负面影响（但是系数较小），家庭女性比例增加 1%，人均消费增长率降低 0.4%。如果是丧葬或者娶亲导致女性比例增加，则可能是因为这些活动花费较大导致的人均消费增长率的下降，体现在性别比例的变化上。

8.3　第 8 章小结

本文利用来自中国八省的微观面板数据，在控制农户异质性以后，分析农户人口学特征对于其人均消费增长率的影响；经验研究的主要发现包括：1.农户的消费行为和严格的 PIH/LCH 假说并不吻合，收入变化和财富对于消费变化具有显著的影响；但农户消费行为也显示出部分生命周期消费平滑的特征；2.家庭规模对于农户的消费增长率具有显著的负面影响，家庭小型化有利于提高农户的消费增长率；3.家庭成员平均年龄或户主年龄的变化对于农户消费增长率并无显著影响，家庭女性成员比例的增加对于农户消费增长具有轻微的负向影响。

本文的研究结果具有理论和显示两个方面的含义；在理论上，本文的估计结果中，部分结果与生命周期模型和家庭公共品模型相吻合，但是二阶特征却呈现出现有理论没有考虑的非单调性。人口学特征对于消费增长的影响具有重要的作用，人均消费增长率是家庭规模的一个凸函数，消费增长率最低的家庭规模大约在 2.8 人左右。这个结论可能暗示了家庭内部的消费平滑似乎也应该存在风险预防的因素，使得消费水平值本身对于家庭规模的 3 阶导数也有意义。

在政策意义上，目前中国农村消费增长减缓可能和农户的家庭小型化趋势减缓有关。本文的研究结论表明家庭规模的降低能够提高人均消费增长率；目前拉动农村内需的消费政策无论从短期还是长期，都应该特别关注于小型家庭与核心家庭的消费需求。特别是关注人口学特征的缓慢变化，对长期的宏观政策制定具有重要意义，而不总是短期"相机选择"。

　　本文研究的一个主要不足在于没有进一步考虑内生的家庭规模问题，这是因为我们的面板数据太短，很难利用广义差分方法构建有效的工具变量；另外，一些人口学指标估计的精度也不高，主要的原因在于组内的变异不够，使得估计的有效性大为降低。这些问题都期望在后续的研究中能够进一步深入。

第 9 章 子女教育与农户消费

重视教育是中华民族的优良传统,很多家长省吃俭用也要让孩子接受良好的教育。连续数年多项关于中国城乡居民储蓄目的的调查显示:教育费用的持续攀升已经影响了城乡居民的家庭消费。例如中国社会科学院发布的《2006 年经济、社会蓝皮书》显示,现在上学贵已成为新的民生问题。

调查还表明,相对于城市和小城镇,农村家庭教育负担越来越重。农村家庭每年用在子女身上的教育花费虽不到城市家庭的一半,但占家庭总收入的比重却是最高的,已达到 32.6%。另外,对比前两年的同题调查,农村家庭单个子女教育支出年增长率已连续两年超过 20%。国家统计局发布的《2004 年国民经济和社会发展统计公报》表明,2004 年全国农村居民人均纯收入实际增长 6.8%,这是 1997 年以来增长最快的一年。与此同时,农村家庭的教育支出年增长率超过 20%。家庭的教育支出增长已经数倍高于收入的增长。零点公司发布的《2005 年中国居民生活质量指数研究报告》也显示:城乡贫困人群中有一半的人提到,"家里穷,是因为有孩子要读书"[1]。

从消费的视角来看,教育是一项重要的人力资本投资,这项投资首先是从储蓄中支出。因为农户具有平滑消费的行为特征(Deaton,1997;Hall,1978),只有"存货"(或者"手持现金",指各类金融资产之和)不足以应付子女学杂费支出,农户才被迫降低消费水平。在这个意义上,子女上学对农户消费水平的影响可以视为"因教致贫"的一种长期测度。从另一个消费的视

---

[1] 中国新闻网,"教育支出比过高"因教致贫"占中国贫困家庭半数",网址:http://www.cns.hk:89/edu/jysp/news/2006/09-12/788376.shtml,2009 年 4 月 8 日下载于云南昆明。

角看,消费可以视为持久收入(Friedman,1957;Modigliani,1988),在信贷市场完全的假设下(不存在流动性约束),农户可以通过借款支付学费,因此可以保持消费水平;但是,中国农户,尤其是贫困农户往往受到流动性约束,使得子女教育支出对于消费水平产生影响。因此,"因教致贫"可能导致消费水平下降更多的是贫困农户。

国内的一些研究者也关注于"因教致贫"问题(陈烨,2005;李放、刘娟,2007;刘明翠,2008;王成新、王格芳,2003;韦志明,2007;余世华,2006;张国强,2007),这些研究大多基于现象的描述和规范性分析,缺乏实证材料;特别是对于教育支出对农户的长期影响研究比较欠缺。

鉴于已有研究的不足,本文利用农户面板数据在消费平滑的理论框架下研究子女教育对农户消费水平的影响,探究"因教致贫"的长期后果。本文以下的论述分为三个部分展开:第1部分是数据介绍与基本描述;第2部分为计量模型与估计结果;第3部分为结论与评述。

9.1　数据介绍与基本描述

本文使用的数据来自于农业部农村固定观察点(以下简称"RCRE 数据"),样本来自中国八省的农村,包括 2,440 个农户,28,724 个人。数据是自 2003—2006 年,跨期 4 年的微观面板数据,4 年都有的样本农户为 1,919户,占总样本的 78.7%。数据包括了详细的家庭人口、社会经济等指标,从 2003 年开始,调查问卷还包括了家庭中个人的详细信息。在正式分析之前,价值指标都按照当年农村 CPI 折为可比价格(2006=100)。

本文利用这个数据的主要优势在于两个方面:第一,数据依靠严格的农户记账程序采集,数据测量误差较小,特别是收入、消费等数据比起单独组织的调查,可靠性要高很多;第二,对消费平滑的检验,一般需要微观面板数据,而 RCRE 数据正是具有良好代表性的农户微观面板数据集。

本文的消费指生活性的消费支出项目,不包括耐用品、房屋、学杂费等具有投资性质的项目。为了全面的比较有无在校子女农户人均消费水平,我们对人均消费取对数,绘制各年份的非参数核密度图进行比较(图 9-1)。结果显示:没有在校子女农户的人均消费整体分布几乎都高于有在校子女农户的人均消费,尤其是在 2003 年与 2005 年最为明显。

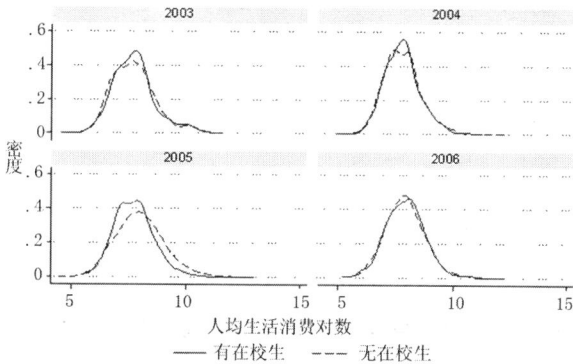

图 9-1 有无在校子女农户人均消费支出比较

比较有无在校子女农户的人均消费均值,各个年度都显示,没有在校子女农户的人均消费都要高于有在校子女农户的人均消费,并且在 4 个年份上的均值比较 t 检验结果都在统计上差异显著(5% 水平)。

直观计算学杂费负担,我们比较农户每年学杂费支出与人均消费,分省比较的结果绘制在图 9-2 左图。按照人均消费由低到高排列,可以看出,人均消费支出的省际差异较大,但学杂费支出的差异远远没有消费差异明显。结果是相对贫困省份学杂费负担比较重:山西、甘肃两省农户平均每年学杂费支出占人均消费的 61% 与 56%,河南省的比例仅为 22%;相对富裕的浙江、广东两省比例分别为 30% 和 47%。

大致按照学制划分学生年龄段(取家庭在校子女平均年龄),<12 岁为小学、12~16 岁为初中、16.01~19 岁为高中/中专/职高等、19.01~23 岁为大学、>23 岁为研究生。比较各个阶段的人均学杂费支出,可以看出非义务教育阶段(从高中以上)的学杂费支出数额明显剧增,大学阶段人均每年的学杂费支出高达 6,275 元(图 9-2 右图),几乎和最富裕的浙江省农户人均消费支出额相等,是山西省农户人均消费支出额的近 4 倍,这里的学杂费还不包括给在校子女的生活费现金转移在内。

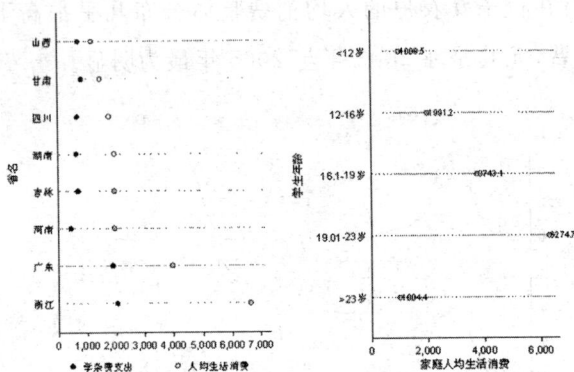

图 9-2　农户学杂费支出与人均消费支出(单位:元/年)

　　本节的描述统计揭示了两个方面的主要信息,其一,子女教育对于农户消费确实有影响;其二,非义务教育阶段的子女教育支出对于农户来说负担较重。但是本节的描述统计是基于非条件(Unconditional)的比较,没有控制其他的解释变量,尤其重要的一点就是农户的流动性约束没有被考虑在内。在下节利用计量模型控制其他解释变量以后估计子女教育对农户消费的净效果。

9.2　子女教育对农户消费的计量模型与估计结果

　　本节首先建立基本的静态农户人均消费函数作为计量模型的基本框架(Townsend,1994),参见式(9.1)。

$$logcons_{it} = \beta_0 + \beta_1 stu_{it} + X_{it} b + \alpha_i + \varepsilon_{it}$$
$$t = 2003,2004,2005,2006 \tag{9.1}$$

　　在式(9.1)中,下标 i 和 t 分别表示农户和年份;因变量 $logcons$ 表示农户人均消费支出对数,stu 是本文的关键变量,有几个不同的表达,包括:本户是否有在校子女哑变量(有=1),本户在校子女数量,子女年龄哑变量(大于 19 岁＝1），从不同角度考察教育支出对于农户消费的影响。X 为影响农户人均消费的其他控制变量向量，主要有人口学特征、家庭特征、户主特征、人均收入对数、人均财富对数；α_i 表示非时变的农户异质性；ε_{it} 为扰动项，诸 β 表示待估计参数。为了避免联立性，人均收入对数和人均财富对数都滞后一期进入模型。

　　式（9.1）本质上是一个静态消费函数，从跨时最优与消费平滑的角度观察，式（9.1）可以拓展到动态模型，用以检验持久收入假说 $c_t = c_{t-1} + \varepsilon_t$ 是否成立，在 CEQ 的若干假设条件下（Lusardi，1992），农户的消费遵循一个鞅过程（不太严格的表述为"随机游走"），表为式（9.2）。

$$\log cons_{it} = \beta_0 + \gamma \log cons_{it-1} + \boldsymbol{\beta_1} stu_{it} + \boldsymbol{X_{it}b} + \alpha_i + u_{it} \tag{9.2}$$

　　因为式（9.2）包含有因变量滞后项，扰动项 u_{it} 不能满足通常的 iid 假设，即便控制了异质性以后也是如此，所以我们使用动态面板数据的 GMM 方法（Arellano and Bover.，1995；Blundell and Bond，1998）即 ABB 方法进行式（9.2）的估计（表 9-1 的模型 4）。

　　表 9-1 还同时报告了对式的 OLS 估计结果作为对照（模型 1），分别设为"本户是否有在校子女哑变量（有＝1）"、"本户在校子女数量"的固定效应模型（模型 2 和模型 3）估计结果进行对照。

表 9-1　农户子女教育对消费影响估计（固定效应与动态模型）

解释变量	模型 1 系数/（标准误）	模型 2 系数/（标准误）	模型 3 系数/（标准误）	模型 4 系数/（标准误）
常数项	3.998 ***	9.857 ***	10.057 ***	2.576 ***
	(0.14)	(0.21)	(0.21)	(0.55)
本户是否有在校子女哑变量（有＝1）	−0.172 ***	−0.104 ***		−0.127 ***
	(0.02)	(0.03)		(0.06)
本户在校子女数哑变量（对照组：在校子女数＝0）				
子女数＝1			−0.076 **	
			(0.03)	

子女数＝2			−0.191***	
			(0.05)	
子女数＝3			−0.329***	
			(0.09)	
户主年龄(周岁)	−0.005	−0.001	−0.001	−0.002
	(0.00)	(0.00)	(0.00)	(0.00)
户主年龄平方/100	0.008*	−0.004	−0.003	−0.003
	(0.00)	(0.00)	(0.00)	(0.00)
家庭女性比例	−0.003***	−0.008***	−0.008***	−0.006***
	(0.00)	(0.00)	(0.00)	(0.00)
户主文化程度(在校几年)	−0.000	−0.000	−0.000	0.002***
	(0.00)	(0.00)	(0.00)	(0.00)
家庭人均纯收入对数				0.540***
				(0.13)
家庭类型(非核心家庭＝1)	−0.014	−0.011	−0.014	−0.025
	(0.01)	(0.03)	(0.03)	(0.03)
国家干部职工户＝1	0.077*	0.002	0.002	0.066
	(0.04)	(0.07)	(0.07)	(0.07)
党员户＝1	0.036	0.013	0.008	0.021
	(0.02)	(0.07)	(0.07)	(0.04)
军烈属户＝1	0.174***	0.077	0.080	0.104
	(0.05)	(0.11)	(0.11)	(0.12)
滞后1期财富对数	0.111***	0.040***	0.040***	−0.005
	(0.01)	(0.01)	(0.01)	(0.06)
滞后1期家庭人均纯收入对数	0.340***	0.162***	0.162***	0.137***
	(0.01)	(0.02)	(0.02)	(0.05)
滞后1期家庭人均净消费支出对数				0.420***
				(0.07)
略去年份哑变量结果……				
对数似然	−6133.923	−2316.016	−2307.389	
有效样本数	6046	6046	6046	5998
adj R²	0.309	0.104	0.107	
F 值	175.065***	29.862***	28.838***	
Chi2 值				564.517***
Sargan 值				33.468***
AR1 检验 Chi2 值				7.071***

注：***:1%水平上显著；**:5%水平上显著；*:10%水平上显著；"()"内数字为 robust 标准误。

表 9-1 的估计结果显示,没有控制户异质性的 OLS 估计结果明显高估了子女教育对于农户消费的影响;使用固定效应模型控制户异质性以后,家里有子女上学对于农户人均消费具有显著的影响,平均来说,有子女上学的农户比没有子女上学的农户家庭人均消费平均低 10.9%[①](模型 2);相比没有在校子女的农户而言,有 1 个在校子女的家庭,人均消费降低 7.9%,有 2 个在校子女的家庭,人均消费降低 21.0%;有 3 个在校子女的家庭,人均消费降低幅度高达 38.9%,并且系数都在统计上显著(模型 3)。上学子女的数量对于农户消费的影响呈现出一种边际递增的趋势,原因在于,有 1 个以上孩子的家庭,年长的孩子处于非义务教育阶段的可能性大大增加,从而导致学杂费负担呈现递增趋势(图 9-2 右图)。

模型 4 使用 ABB 方法控制滞后因变量和其他解释变量的内生性问题,同时为了获得参数的一致估计,我们还将财富、收入、本户是否有在校子女哑变量设为内生变量[②],利用解释变量的差分项和滞后项作为 IV[③]。在控制了滞后消费和收入与财富内生性以后,子女教育对于农户人均消费依然存在显著影响,精确影响为−13.5%,在统计上显著。

模型 4 还同时检验了持久收入假说,结果表明,样本农户的消费行为并不遵循持久收入假说的预期,除了滞后的消费以外,其他解释变量,特别是收入在统计上非常显著。在静态模型 2/3 中,财富对于农户消费存在显著的影响,从另一个侧面表明样本农户的消费在一定程度上受到流动性约束的影响,从而在子女发生教育支出的时候无法完全平滑消费,只能够以消费的下降来支持子女的教育。

控制内生性以后,子女教育对于农户消费的负向影响从 10.9%上升到 15.8%,但是设为内生的几个变量标准误几乎都增加了数倍,估计的有效性降低。

---

① 因为因变量是对数形式,哑变量精确影响计算公式为 exp(系数)−1.后面的系数解释相同。

② 考虑存在这样的情形:家庭消费水平较高的农户可能更倾向于让子女接受更多教育。

③ ABB 方法的推导较为繁复,有兴趣的读者可以参考文后所列的有关文献。

当然,在没有考虑解释变量内生的可能性之下,充分控制异质性是缓解关键解释变量和扰动项之间有可能存在相关性的一条途径。固定效应方法自由度损失太大,不够简约;并且未能充分考虑村庄的嵌套结构,加之传统的面板数据估计方法只能允许截距上的异质性,而不能引入斜率上的异质性,暗含施加了所有农户子女教育影响消费系数相等的假设,不能令人满意。因此,下面根据数据特点转入对于模型的另一种设定与估计方式。

RCRE 的数据抽样具有两个显著特征:第一,样本户嵌套于样本村中;第二,样本农户的各个时间观测值嵌套于样本户中。基于这两点,从另一个角度考虑式的设定问题。同一个农户的每个时点值(第一级单位)嵌套于村这一单位中,农户可以视为第二级的分析单位,即可以认为同一农户不同时点上的特征,其关联程度要高于不同农户之间的截面情形;同样的,农户可以被视为嵌套于村庄之中,村庄被视为第三级的分析单位。式(9.1)重新设定为式(9.3):

$$logcons_{it} = \beta_0 + (\beta_1 + \gamma_i) stu_{it} + x_{it}b + \psi_i^{(1)} + \psi_v^{(2)} + \varepsilon_{it} \qquad (9.3)$$

式(9.3)中,$\psi_i^{(1)}$ 表示户异质性,$\psi_v^{(2)}$ 表示村异质性,γ_i 为斜率异质性。相比之式(9.2)将户异质性设为固定效应的方法,式(9.3)将 $\psi_i^{(1)}$、$\psi_v^{(2)}$ 和 γ_i 都设为随机效应,有 $\psi_i^{(1)} \sim N(0, \sum_1)$、$\psi_v^{(2)} \sim N(0, \sum_2)$、$\gamma_i \sim N(0, \sum_3)$。并且相互独立。相比较 FEM 估计,式(9.3)的随机效应模型(REM)假定解释变量和异质性之间协方差为 0,否则估计是有偏的;而 FEM 总是一致的。但是,就本文的数据而言,FEM 估计产生的自由度损失较大,并且本文参数估计主要为了推断总体,采用 REM 进行估计也是一种在参数估计的有效性和无偏性之间的取舍,并未见得无偏性就是压倒性的考虑[①]。本质上 FEM 设定了 n 个方程分开估计(n 为村庄数),这些方程具有各自的截距,但是斜率相同。而式(9.3)将 FEM 的截距设定为 $\psi_i^{(1)} \sim N(0, \sum_1)$,并且允许存在斜率异质性 γ_i。利用正态分布刻画村的异质性,均值设为 0,只需要估计一个参数:户异质性标准差;相同的处理还允许村庄之间的异质性截距。

式(9.3)的估计采用 Hierarchy 模型框架(McCulloch and Searle,2001;Raudenbush and Bryk,2002;Skrondal and Rabe-Hesketh,2004)。stu 分别设为"本户是否有在校子女哑变量(有 $=1$)"、"本户在校子女数量"的 Hierarchy 模型进行估计,同时报告允许斜率异质性的模型的结果进行比较(表 9-2),为了简洁,略去其他解释变量结果。

表 9-2　农户子女教育对消费影响估计(Hierarchy 模型)

解释变量	模型 5 系数/ (标准误)	模型 6 系数/ (标准误)	模型 7 系数/ (标准误)	模型 8 系数/ (标准误)
本户是否有在校子女哑变量(有 $=1$)	-0.123 *** (0.01)	-0.114 *** (0.02)		
本户在校子女数哑变量(对照组:在校子女数 $=0$)				
学生数 $=1$			-0.086 *** (0.02)	-0.084 *** (0.02)
学生数 $=2$			-0.173 *** (0.02)	-0.165 *** (0.03)

---

① 和固定效应设定相比,设为随机效应的主要缺点在于:估计量可能是有偏的,而固定效应模型的估计则总是无偏估计量。但是随机效应估计量消耗的自由度较小,总是有效的。其实,在统计选择上,有效性和无偏性之间总是存在一种此消彼涨的权衡,即便是无偏估计量,但是标准误过大,从统计推断的角度,还不如有偏但有效的估计量提供的信息多。从理论上看,对于"何时适用固定效应?"、"何时适用随机效应?"这一对问题的回答并不存在绝对的标准,仅仅是一种参考:可交换(Exchangeable)的异质性(例如职业)可以考虑随机效应,不可交换(no exchangeable)的异质性(例如性别)考虑固定效应;借助样本主要的目标是推断总体参数,考虑"缩动(Shrinkage)"与"借力(Borrow strength)"的多层次建模思路更是可取的折衷做法。详细说明可以参见本节提供的 3 篇参考文献。虽然本文 FEM 对 REM 的 Hausman 检验拒绝了 REM,但基于这些理由,采用 REM 也是可行的,也就是组间估计与组内估计量的一种综合。

学生数＝3			−0.251***	−0.222***
			(0.04)	(0.05)
村异质性标准差	0.449***	0.444***	0.445***	0.445***
	(0.13)	(0.13)	0.13)	(0.13)
户异质性标准差	0.272***	0.107***	0.265***	0.041***
	(0.04)	(0.02)	(0.04)	(0.01)
斜率异质性标准差		0.160***		0.262***
		(0.05)		(0.04)
残差标准差	0.516***	0.514***	0.516***	0.515***
	(0.00)	(0.00)	(0.00)	(0.00)
略去其他解释变量结果……				
对数似然	−4708.466	−4697.907	−4711.603	−4708.535
有效样本数	6046	6046	6046	6046
Chi2 值	509.761***	442.499***	514.107***	439.703***
村组内相关系数	0.372***	0.365***	0.370***	0.371***
户组内相关系数	0.136***	0.147***	0.131***	0.132***
模型5/6;模型7/8似然比检验 Chi2 值		21.118***		6.136***

注:***:1%水平上显著;**:5%水平上显著;*:10%水平上显著;"()"内数字为标准误;协方差结构设为 independent,采用 EM 算法。

表 9-2 的估计结果表明,三个异质性都在统计上非常显著,似然比检验结果表明,控制斜率异质性的模型 6 要优于模型 5,模型 8 要优于模型 7(表 9-2 倒数第一行);因此,下面的解释主要基于模型 6 和模型 8。

模型 6 的结果显示,有在校子女的农户人均消费支出比没有在校子女农户低 12.1%;和模型 4 的结果相比,系数绝对值略小一些,但是估计的标准误也小了很多,一定程度上表明了结果的稳健性。模型 8 和模型 3 相比,系数绝对值差异不大,但是估计的有效性有所提高。相比没有在校子女的农户而言,有 1 个在校子女的家庭,人均消费降低 9.0%,有 2 个在校子女的家庭,人均消费降低 18.9%;有 3 个在校子女的家庭,人均消费降低幅度为 28.5%;与模型 3 相比,1 个在校子女哑元的系数有所增加,而 2 个和 3 个在校子女哑元的系数则有所降低,体现出 Hierarchy 模型的缩动(Shrinkage)效果。如果我们的目标是依赖于样本对农户总体的情况进行推断,则更应该偏好于模型 6 和模型 8 的结果。

表 9-2 模型的组内相关系数有两个层次，农户层次 $\rho_i = \dfrac{\psi_i^2}{\psi_i^2 + \psi_v^2 + \theta^2}$，

村庄层次 $\rho_v = \dfrac{\psi_i^2}{\psi_i^2 + \psi_v^2 + \theta^2}$（$\psi^2, \theta^2$ 分别表示异质性与扰动项的方差）；ρ 具有双重的含义：其一，从方差分析的视角，指出群组间（Cluster）方差占总方差的比例；其二，表示同一群组内部的条件期望平均相关水平（Skrondal and Rabe-Hesketh，2004）。体现的是 Hierarchy 模型的同一群组内部的相似程度，本文估计的两个层次相关系数在绝对值上较大，统计上也非常显著，一定程度上证明了 Hierarchy 模型设定的合理性。

因为高等教育学费负担最重，进而，我们估计上大学对于农户消费的影响。分为两个层次进行计算：第一，单纯估计有子女上学农户家庭的样本，估计上大学较之于其他教育层次花费对农户消费的影响（用"学生年龄哑变量（大于 19 岁＝1）"指代上大学），结果为表 9-3 的模型 9 和模型 10；第二，使用全部农户样本，控制样本家庭学生数量以后估计有子女上大学农户和没有子女上大学农户的人均消费差异，结果为表 9-3 的模型 11 和模型 12。

为了比较，表 9-3 同时列示仅控制户异质性的结果（模型 9、模型 11）与同时控制户异质性与村庄异质性的结果（模型 10 和模型 12）。斜率异质性似乎比检验不显著，因此仅控制截距异质性，依然略去其他解释变量结果。

表 9-3　农户学龄子女的年龄、数量与人均消费的估计结果（Hierarchy 模型）

解释变量	模型 9 系数/（标准误）	模型 10 系数/（标准误）	模型 11 系数/（标准误）	模型 12 系数/（标准误）
学生年龄哑变量（大于 19 岁＝1）	−0.117 ***	−0.118 ***	−0.129 ***	−0.129 ***
	(0.02)	(0.02)	(0.02)	(0.02)
本户在校子女数量	−0.082 ***	−0.083 ***	−0.089 ***	−0.090 ***
	(0.02)	(0.02)	(0.01)	(0.01)
村异质性标准差	0.547 ***	0.449 ***	0.543 ***	0.449 ***
	(0.06)	(0.13)	(0.06)	(0.13)

户异质性标准差		0.275 ***		0.268 ***
		(0.04)		(0.04)
残差标准差	0.519 ***	0.519 ***	0.515 ***	0.515 ***
	(0.00)	(0.00)	(0.00)	(0.00)
略去其他解释变量结果……				
对数似然	−1999.16	−1984.12	−4714.197	−4697.293
有效样本数	2912	2912	6044	6044
Chi2 值	447.495 ***	445.621 ***	542.246 ***	541.602 ***
户组内相关系数	0.527 ***	0.369 ***	0.527 ***	0.374 ***
村组内相关系数		0.138 ***		0.133 ***
模型 9/10；模型 11/12 似然比检验 Chi2 值		32.778 ***		33.808 ***

注:*** :1%水平上显著;** :5%水平上显著;* :10%水平上显著;"( )"内数字为标准误;协方差结构设为 independent,采用 EM 算法。

表 9-3 的结果显示,同时控制户异质性与村庄异质性的模型要优于仅控制户异质性的模型(表 9-3 倒数第一行),但是系数的估计结果非常接近。结果表明,和没有大学生但有在校子女的农户消费相比,有在校大学生农户的人均消费要低 12.4%;控制家庭在校子女数量以后(包括数量为 0 的农户),供养大学生平均使得农户人均消费降低 13.8%。

考虑流动性约束,如果农户无法通过借贷完全平滑消费,则受到流动性约束最强的农户消费下降的幅度将是最大的。我们姑且用初始年份的财富(包括各类资产与房屋的合计数,用初始年份财富是为了避免联立性问题)划分 5 等分组,由低到高设为财富组 1-5。假设财富较少的农户变现能力、抵押能力都比较弱,用财富分组指代流动性约束(Zeldes,1989)。

分别估计财富 5 分组的子女教育对农户人均消费的影响,结果参见表9-4(略去其他解释变量结果),因为在所有的组别上,村异质性的似然比检验都不显著,因此只考虑农户异质性。

表 9-4　按照财富五分组分别估计农户子女教育与消费结果的比较(Hierarchy 模型)

解释变量	财富组 1 系数/ (标准误)	财富组 2 系数/ (标准误)	财富组 3 系数/ (标准误)	财富组 4 系数/ (标准误)	财富组 5 系数/ (标准误)
常数项	6.843 ***	6.598 ***	7.414 ***	6.404 ***	7.447 ***
	(0.26)	(0.28)	(0.29)	(0.27)	(0.29)
本户在校子女数哑变量(对照组:在校子女数＝0)					
学生数＝1	−0.141 ***	−0.092 **	−0.082 **	−0.040	−0.057
	(0.04)	(0.04)	(0.04)	(0.03)	(0.04)
学生数＝2	−0.219 ***	−0.175 **	−0.157 ***	−0.146 ***	−0.118
	(0.05)	(0.05)	(0.05)	(0.04)	(0.09)
学生数＝3	−0.355 ***	−0.323 ***	−0.286 ***	−0.209 **	−0.124
	(0.10)	(0.08)	(0.08)	(0.08)	(0.09)
户异质性标准差	0.490 ***	0.532 ***	0.486 ***	0.462 ***	0.594 ***
	(0.07)	(0.07)	(0.06)	(0.06)	(0.09)
残差标准差	0.522 ***	0.483 ***	0.492 ***	0.482 ***	0.567 ***
	(0.01)	(0.01)	(0.01)	(0.01)	(0.01)
略去其他解释变量结果……					
对数似然	−1009.626	−933.982	−974.824	−937.438	−1093.52
有效样本数	1198	1206	1232	1225	1192
Chi2 值	117.020 ***	105.253 ***	157.230 ***	139.447 ***	117.950 ***
户组内相关系数	0.468 ***	0.548 ***	0.494 ***	0.480 ***	0.523 ***

注:*** :1％水平上显著;** :5％水平上显著;* :10％水平上显著;"()"内数字为标准误;协方差结构设为 independent,采用 EM 算法。

表 9-4 的估计结果清晰的显示出子女教育对于农户消费影响的模式:越贫困的组别,农户消费受到子女教育支出的影响越大。相对于没有在校子女的农户而言,仅有一个在校子女的农户,最贫困组别人均消费下降 15.1％;次贫困组下降 9.6％;而对于相对富裕的两个组别,仅有一个子女上学对于他们的消费没有显著影响。对有 2 个和 3 个在校子女的家庭来说,则仅有最富裕组别农户的消费不受影响。2 个在校子女会使得最贫困组农户的人均消费下降近 1/4 的水平。

这个模式一定程度上揭示了流动性约束和信贷市场的不完全对于贫困

组别的农户子女人力资本投资影响最大。

9.3　第9章小结

　　本文利用来自中国8省农户的微观面板数据测算了子女教育对于农户消费的影响。经验研究的主要发现包括：1.有在校子女的农户人均消费支出比没有在校子女的农户平均要低10％左右，并且在校子女越多，农户人均消费的下降的幅度越大；2.非义务教育阶段子女教育对农户的负担明显加重，有子女上大学的农户，比其他有在校子女但未在大学的农户人均消费水平还要低14％左右；3.越是贫困的组别，子女教育对于农户消费的影响越是强烈，在收入五等分组的最低组别，1个在校子女使得其人均消费降低15％左右，而在最为富裕的两个组别则对农户消费没有显著影响。

　　本文从消费的角度计算教育支出对于农户造成的负担，结果表明：大部分农户面对子女的教育支出是无力完全平滑消费的，尤其是相对贫困组别的农户更是如此，他们被迫降低本来就不高的消费水平以进行子女的人力资本投资。如果按照消费篮子的贫困线标准，至少在贫困发生率的意义上看，处于贫困边缘人群的农户将有15％左右"因教致贫"。世界银行(2009)的一项研究表明：人力资本对于中国的农村反贫困具有重要意义，但是近年来，获得教育机会的差异拉大，主要是因为小学以后的教育支出负担对许多家庭而言太高，地方政府越来越依赖于通过向家长收取学杂费来为教育筹资。从而在一个收入愈发体现在人力资本禀赋的环境中，这些不平等反过来会再催生收入不平等，并在代际之间保持了不平等和贫穷传递，形成一个"不平等陷阱"，它会随着时间的推移而不断恶化(World Bank,2005)，只有确保每一个儿童都能够机会均等地获得具有生产力，并促进经济增长所必备的人力资本，这样的公共政策行动才能打破这种恶性循环。无论是中央向省级的财政转移支付抑或是省级向县级的财政转移支付都应该更加具有贫困瞄准的特征。

　　贫困导致的子女教育差异只是一个方面，教育的投资回报率不确定则是另一个方面的影响,贫困家庭节衣缩食供孩子上学究竟能够改变子女的境况吗? 尤其是大学生就业形式不容乐观的今天,他们陷入一种两难的境地,重庆万人放弃高考就是一个注解①。一些家长说,农村家庭供孩子读书就像一场赌博,赌赢了,能为家庭换来幸福;赌输了,就要用许多年甚至一辈子来还债。

当然,本文的计量结果显示农户的消费行为和完全的持久收入假说并不吻合,受到流动性约束的影响较为明显,农户的消费水平下降不能完全说明持久收入的降低,但也有可能是持久收入降低的体现,本文的数据无法区分这两种因素,期待后续的研究做进一步深入分析。

---

① 四川新闻网-成都晚报:"重庆万人放弃高考",网易新闻网,网址:http://news.163.com/09/0329/05/55I37NC4000120GU.html,2009 年 4 月 13 日下载于云南昆明。报道称:"重庆市教委对学生,尤其是农村学生弃考原因进行分析后认为,多数学生家庭经济条件较差、学习成绩一般,弃考后,他们中有 90％以上选择外出打工。高中毕业生在未经过职业培训走上工作岗位后,不仅收入偏低,就业也不稳定。如能将这一群体在初中毕业后引导至职业学校接受技术教育,不仅分担普通高中教学压力,且可帮助学生带着一技之长和技能资格证书外出务工,实现地方劳动力转移任务的同时,较高的务工收入也可使他们的家庭经济状况好转。"

第 10 章 新型农村合作医疗与农户储蓄

消费者跨时平滑的理论,古典假说主要包括持久收入假说和生命周期假说(以下简称为"PIH"与"LCH"),在给定确定性等价(以下简称"CEQ")的一系列假定条件下[①],消费的动态路径可以表达为一个随机游走(Hall,1978;Lusardi,1992)。后续的研究指出,在收入面临不确定性以及信贷市场不完全的条件下,消费者为了进行跨时平滑,就会产生额外的储蓄动机(Carroll,1997;Deaton,1992)。疾病都被认为是未来收入不确定性的主要因素之一。如果有医疗保险控制了健康风险带来的不确定性,则预防性储蓄应该下降。因此,预防性储蓄理论可检验的一个假说就是:在其他条件不变的情况下,医疗保险能够降低储蓄。

从国外研究来看,Kotlikoff(1986)发现美国二战以后的储蓄下降伴随着社会保险(包括医疗保险)覆盖率的增长,数值模拟的结果也显示出医疗保险能够降低个人储蓄;Gruber and Yelowitz(1999)利用家计调查数据发现:1983—1994 年的美国医疗救助计划使得低收入家庭储蓄减少 7.2%;Chou,S.-Y.,et al(2003)也发现台湾地区的社会医疗保险计划平均能够减少居民 8.6%～13.7%的储蓄。但是国外学者的经验证据是混杂的,Starr-McClure(1996)利用美国 1989 年消费者金融调查数据发现医疗保险与预防性储蓄之间的关系并不明确,二者之间似乎存在正向的关系。Dynan(1993)利用面板数据直接估计的相对避险系数也比较小,暗含了预防性动机并不完全能够解释储蓄的变化的解释。

---

① 这些假定包括:跨时可加的效用函数、完全的借贷市场、二次效用函数和理性预期四个方面。

对中国农户来说,疾病几乎是造成未来收入不确定性最为重要的因素之一,尤其是在中国农户普遍缺乏医疗保险覆盖的条件下。国内的研究者发现中国农户的储蓄存在强烈的预防性动机,无论在宏观层面还是微观层面的研究皆是如此(杭斌、申春兰,2002;2005;田岗,2004;万广华、史清华、汤树梅,2003;周建,2005)。其中,尤其值得注意的是黄学军、吴冲锋(2006)的研究,他们的论文可以说是国内直接关注医疗保险与储蓄的唯一成果,这篇论文在与预防性储蓄兼容的凸性边际效用函数框架下,导出了储蓄与医疗保险的一个比较静态结论,并且设定效用函数的 CRRA 形式,通过数值模拟方法发现:在合适的参数取值下,政府每承担 1% 的医疗费用支出,挤出的农户储蓄大约为 39 元。

已有研究存在一些不足,对于国外研究来说归结起来主要是"是否加入医疗保险"的内生性问题没有得到很好的解决,因此难以区分储蓄减少的动机是为了获取参加社会医疗保险或 Health Care,还是真正的挤出效应;国内的研究大多倚重宏观数据[①],利用微观数据的研究不多。

黄学军、吴冲锋(2006)的研究注意到了"是否加入医疗保险"的内生性问题,但是缺乏数据,没有对理论结果进行实证分析。

中国新型农村合作医疗制度(以下简称"新农合")建设全面建立。个人缴费、集体补助、政府资助相结合的新型农村合作医疗制度,于 2003 年开始试点和推广,到 2008 年底已全面覆盖有农业人口的县(市、区),参合农民达 8.15 亿人,参合率为 91.5%,提前两年完成目标。全国累计 15 亿人次享受到补偿,补偿基金支出 1253 亿元。其中有 1.1 亿人次享受到住院补偿、11.9 亿人次享受到门诊补偿,2 亿人次进行了健康体检。参合农民次均住院补偿金额从试点初期的 690 元提高到 1066 元[②]。

---

① 当代消费理论更加注重微观层面的研究,因为利用汇总数据检验微观理论需要施加若干不切实际的假定。也就是说,基于"代表性消费者"的宏观经验证据对于理解微观储蓄和消费行为没有太大帮助。详细评述参见 Deaton, A., Understanding Consumption, 1992, Clarendon Press, Oxford.

② 参见"国务院关于农村社会保障体系建设情况报告",受国务院委托,民政部部长李学举 22 日下午向全国人大常委会报告农村社会保障体系建设情况,资料来源:中国新闻网,网址:http://business. sohu. com/20090422/n263558624. shtml,2009 年 5 月 20 日下载于云南昆明。

新型农村合作医疗提供了检验医疗保险与农户预防性储蓄关系的一个理想素材,本文利用中国农村的微观面板数据检验新型农村合作医疗对于农户储蓄的影响,检验预防性储蓄理论。本文下面的论述分为三个部分:第1部分是数据介绍与描述统计;第2部分是计量模型与结果;第3部分是结论与评述。

10.1 数据介绍与基本描述

本文使用的数据来自于农业部农村固定观察点(以下简称"RCRE 数据"),样本来自中国八省的农村,包括 2,440 个农户,28,724 个人。数据是自 2003—2006 年,跨期 4 年的微观面板数据,4 年都有的样本农户 1,919户,占 78.7%。数据包括了详细的家庭人口、社会经济等指标,从 2003 年开始,调查问卷还包括了家庭中个人的详细信息。在正式分析之前,价值指标都按照当年农村 CPI 折为可比价格(2006=100)。

首先定义农户储蓄,因为理论概念和实际操作化定义存在出入,本文分别使用三种测量方法计算储蓄:储蓄 1 定义为高流动性资产,包括现金与银行存款;储蓄 2 在储蓄 1 的基础上加上股票、对外投资、对外借款;储蓄 3 在储蓄 2 的基础上加上生产性和生活性固定资产原值(不包括房屋,因为测量误差太大)、待售农产品价值,并减去农户欠款(包括私人与金融机构贷款)。

根据 PIH 和 LCH,农户的储蓄特征首先体现在年龄上,消费者在退休(农户按照户主年龄 64 岁估算退休)以前储蓄达到顶峰,随后逐渐下降。下面分别对样本数据的户主年龄分组与储蓄进行初步的描述统计,比较不同户主年龄分组的参合农户与非参合农户的储蓄,结果显示在表 10-1。

表 10-1　样本农户储蓄基本情况比较

单位:元

户主年龄分组	储蓄 1			储蓄 2			储蓄 3		
	无医疗保障	有医疗保障	合计	无医疗保障	有医疗保障	合计	无医疗保障	有医疗保障	合计
35 岁以下	6372.8	12005.2	8347.8	7106.3	13844.7	9469.1	13762.7	17039.1	14911.6
35～44 岁	8069.3	11178.3	9169.5	9749.4	12039.6	10559.9	12065.8	19310.3	14629.5
45～54 岁	11891.1	21759.3	16076.7	13249.2	29335.6	20072.3	16430.8	37398.8	25324.5
55～64 岁	12816.6	32241.3	22412.3	14040.8	36530.8	25150.8	17766.5	48404.6	32901.6
64 岁以上	9795.1	27793.1	18970.6	9992.7	28342.2	19347.4	17017.0	35465.3	26422.0
合计	10650.3	24029.7	16526.9	11848.4	28048.0	18964.1	15715.8	36782.0	24968.7

　　表 10-1 的结果显示两个重要特征:其一,3 种储蓄定义都呈现出 PIH 和 LCH 预言的驼峰特征。储蓄随年龄递增,在 55～64 岁组别达到高峰,然后在 64 岁以后开始下降;其二,无论在哪一个年龄组别,使用 3 种储蓄定义都是参合农户的储蓄高于非参合农户的储蓄,这与预防性储蓄的预言相悖。

　　同时需要考虑新农合试点和推广的地区不平衡特征,与浙江、广东这些东部省份相比,中西部省份新农合试点推广的相对要慢一些。从我们的样本来看,按照户的参合率,浙江、广东、河南三省样本农户的新农合参合率比较高,而其他省份相对较低(图 10-1)。

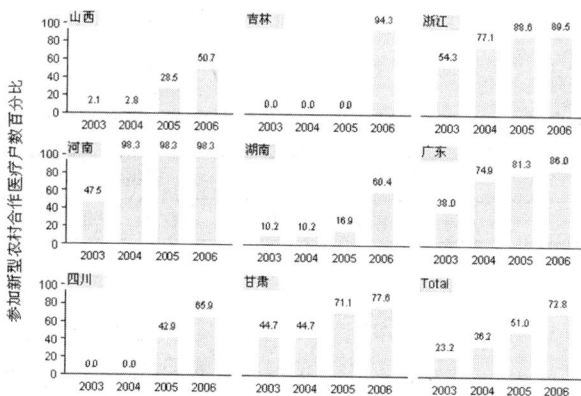

图 10-1　分省样本农户参加新农合比例时序变化

　　图 10-1 的参合率分省比较结果表明,表 10-1 的直接比较参合与非参合

农户的储蓄可能混杂有其他因素。要分解出参加新农合对于储蓄的净影响必需考虑控制其他的变量和观察不到的农户异质性,在下一节建立正式的计量模型对其进行估计。

10.2　计量模型及其结果

根据 Browning and Lusardi(1996),建立农户储蓄函数计量框架为式(10.1)。

$$\log save_{it} = \beta_0 + \beta_1 insur_{it} + \beta_2 \log inc_{it} + \boldsymbol{x_{it}b} + \alpha_i + \varepsilon_{it} \tag{10.1}$$

式(10.1)中,下标 i 和 t 分别表示农户和年份;因变量为农户储蓄的对数(分别使用 3 种测度);$insur$ 是本文的关键变量,即农户是否加入新型农村合作医疗(加入=1);收入对数 x 表示其他控制变量向量,包括农户人口学特征、家庭特征哑变量、年份哑变量等;α_i 为农户异质性;ε_{it} 为扰动项;诸 $\boldsymbol{b}$ 表示待估系数向量。β_1 是本文的关键变量,如果新农合存在对于储蓄的挤出效应,则 β_1 应该显著为负。农户持久收入包含在异质性 α_i 中,则 $\log inc_{it}$ 表示当期收入,为持久收入与暂时性收入之和。

利用固定效应方法估计式的结果列示在表 10-2。

表 10-2　农户储蓄与参加新农合回归结果(固定效应模型)

解释变量	模型 1		模型 2		模型 3	
	系数	(t 值)	系数	(t 值)	系数	(t 值)
本户当年参加新农合哑变量(参加=1)	0.066	(1.86)	0.103	(1.35)	0.046	(0.69)
户主年龄(周岁)	0.011**	(2.07)	0.012**	(2.13)	0.010*	(1.95)
户主年龄平方/100	−0.009*	(1.74)	−0.009*	(1.81)	−0.009*	(−1.81)
户主性别(女性=1)	0.458*	(1.88)	0.587*	(1.67)	0.598**	(2.20)
户主文化程度(在校几年)	0.020	(1.35)	0.026**	(2.25)	0.009	(0.27)
家庭人口数	−0.099	(−1.34)	−0.136*	(−1.81)	0.043	(0.65)
家庭成员平均年龄(周岁)	−0.012	(−1.05)	−0.012	(−1.01)	0.004	(0.41)

本户在校学生数量	−0.006 ** (−2.08)		−0.003 ** (−2.04)		−0.098 ** (−2.50)
国家干部职工户=1	0.200 (1.08)		0.082 (0.42)		0.139 (0.68)
乡村干部户=1	0.284 (1.14)		0.222 (0.84)		0.004 (0.02)
党员户=1	0.044 (0.27)		0.105 (0.81)		−0.070 (−0.77)
收入对数	0.547 ** (2.29)		0.728 * (1.70)		0.346 * (1.84)
略去年份哑变量与常数项估计结果					
对数似然	−3867.465		−3909.953		−3812.515
有效样本数	7282		7282		7282
$adj\ R^2$	0.251		0.148		0.222
F 值	7.108 ***		7.365 ***		6.607 ***
被解释变量	储蓄 1		储蓄 2		储蓄 3

注:*** :1% 水平上显著;** :5% 水平上显著;* :10% 水平上显著;"( )"内数字为根据稳健标准误(包含 cluster 校正与 AR1 校正)计算的 t 值。

　　表 10-2 估计了三种不同的储蓄测量结果,无论那种测量,都表明参加新农合对于农户储蓄不存在挤出效应,"本户当年参加新农合哑变量(参加=1)"变量的系数在统计上都不显著。但三种储蓄测量的结果都显示农户储蓄具有典型的驼峰特征,储蓄的峰值大约出现在 60 岁附近。本户的在校学生数量会显著降低农户的储蓄。

　　表 10-2 的估计存在一个严重不足,就是假定"本户当年参加新农合哑变量(参加=1)"为严格外生变量,这是存在疑问的设定。农户参加新农合可能是内生的,原因在于:第一,新农合以县为单位统筹,先开展试点的县很可能是社会经济条件领先,并且医疗卫生服务基础也较好的地区(类似图 10-1 揭示的发达省份新农合覆盖率相对较高);第二,农户参合可能存在逆向选择问题,较为健康的农户不愿意参合。虽然新农合普遍规定是以户为单位参合,但是不能排除农户层面的逆向选择。

　　这样一来,式(10.1)存在 $\text{Cov}(insur_{it}, \varepsilon_{it}) \neq 0$,参数的估计是非一致和有偏的。我们先借助标准的 IV 方法解决内生性问题,将"本户当年参加新农合哑变量(参加=1)"设为线性概率模型,识别变量包括:"本村当年新农合参合率"、"本村儿童借种疫苗百分比"、"本户四周内是否患病"。内生性检验结果表明:在 1% 的水平上,拒绝"本户当年参加新农合哑变量(参加=

1)"为外生的零假设,使用 IV 方法是必需的。为了提高估计的有效性,我们使用了 GMM 方法。

正式估计以前,做了四项准备工作:第一,方程识别判断,Kleibergen-Paap LM 检验结果显示方程可以识别;第二,方程弱识别判断,使用 Kleibergen-Paap Wald 检验拒绝方程弱识别假定;第三,方程过度识别判断,Hansen J 统计量显示,3 个 IV 都是有效的假设不被拒绝;第四,IV 是否满足与 ε_{it} 的正交条件,C 检验结果表明正交条件成立(Hayashi,2000)。

准备工作的结果表明使用 IV 方法是恰当的,IV 方法的估计结果列示在表 10-3。

表 10-3　农户储蓄与参加新农合回归结果(GMM IV 模型)

解释变量	模型 4		模型 5		模型 6	
	系数	(t 值)	系数	(t 值)	系数	(t 值)
本户当年是否参加新农合哑变量(参加＝1)	-0.105 ***	(-2.78)	-0.090 **	(-2.48)	-0.073 **	(-2.36)
户主年龄(周岁)	0.014 *	(1.78)	0.014 *	(1.83)	0.022 *	(1.86)
户主年龄平方/100	-0.013 *	(-1.80)	-0.012 *	(-1.82)	-0.017	(-0.57)
户主性别	0.843	(1.28)	0.883	(1.42)	1.023 **	(2.35)
户主文化程度(在校几年)	0.039 *	(1.74)	0.040 *	(1.80)	0.117 *	(1.67)
家庭人口数	-0.168	(-1.29)	-0.184	(-1.41)	-0.033	(-0.28)
家庭成员平均年龄(周岁)	-0.007	(-0.30)	-0.008	(-0.37)	-0.013	(-0.57)
本户在校学生数量	-0.170 *	(-1.84)	-0.191 *	(-1.80)	-0.024	(-0.22)
国家干部职工户＝1	-0.200	(-0.42)	-0.259	(-0.55)	-0.343	(-0.66)
乡村干部户＝1	0.691	(1.18)	0.162	(0.20)	0.010	(0.02)
党员户＝1	-0.045	(-0.22)	0.051	(0.25)	0.060	(0.27)
收入对数	0.700 *	(1.95)	0.818 *	(1.81)	0.134 *	(1.78)
略去年份哑变量与常数项估计结果						
对数似然	-1197.971		-1231.021		-1254.203	
有效样本数	7076		7076		7076	
F 值	6.112 ***		5.803 ***		4.491 ***	
Kleibergen-Paap LM Chi2 值	84.835 ***		84.651 ***		86.993 ***	

Kleibergen-Paap Wald F 值	136.840 ***	136.491 ***	107.973 ***
Hansen J Chi2 值	2.370	1.267	1.140
被解释变量	储蓄 1	储蓄 2	储蓄 3

注:*** :1%水平上显著;** :5%水平上显著;* :10%水平上显著;"( )"内数字为根据稳健标准误(包含 cluster 校正与 AR1 校正)计算的 t 值。

表 10-3 的估计结果显示,在控制了内生性问题以后,参加新农合确实对于农户的储蓄存在挤出效应,在统计上非常显著。精确影响[1]大致为:储蓄 1 减少 11.1%、储蓄 2 减少 9.4%、储蓄 3 减少 7.6%。

IV 方法下,储蓄驼峰特征依然显著,只是与表 10-2 的结果相比,峰值提前了 1~3 岁。

表 10-3 的估计,将"本户当年参加新农合哑变量(参加=1)"的第一阶段模型设为线性概率模型,在均值附近,也可以接受,并且能够充分利用标准的计量经济学 IV 框架处理。但是,从模型一般设定上看,第一阶段的回归应该设为 Probit 或者 Logit 形式更为合理一些,计量经济学往往利用表为 Treatment 形式,在截面数据下,可以利用 Maddala(1983)的框架进行处理。

然而更为一般与成熟的做法是将两个方程视为广义线性联立方程组进行估计(Raudenbush and Bryk,2002;Skrondal and Rabe-Hesketh,2004),这套方法本质上是随机效应模型,为了克服异质性与解释变量之间存在的相关性,使用 Zabel(1992)方法,在第二阶段的解释变量中包含组内均值向量(就是农户的本户各年平均值向量)进行校正,则式扩展成为式(10.2)。

$$\log save_{it} = \beta_0 + \beta_1\, insur_{it} + \beta_2\, \log inc_{it} + \boldsymbol{X}_{it}\boldsymbol{b} + \bar{x}_i v + \alpha_i + \varepsilon_{it} \quad \varepsilon_{it} \sim (N, \sigma^2)$$
$$insur_{it} = 1(insur_{it}^* = \boldsymbol{z}_{it}\boldsymbol{w} + \boldsymbol{z}_i\boldsymbol{k} + d_{it} + u_{it} > 0)$$
$$Corr(\varepsilon_{it}, u_{it}) = \rho, u_{it} \sim N(0,1) \tag{10.2}$$

在式(10.2)中,用潜变量 $insur_{it}^*$ 定义选择方程,连接函数设为 Probit 形式,x_i, z_i 分别设为各自方程的全部解释变量均值向量,为了报告的简洁,略去这些均值向量的结果与 Probit 模型结果。

---

① 因为被解释变量取对数,哑变量的精确影响表示为 Exp(系数)-1。

式(10.2)本质上就是一个 Hierarchy 框架下的广义线性联立方程组(姑且称为"随机效应 Treatment 模型"),识别变量与表 10-3 相同,估计结果列示在表 10-4。

表 10-4 农户储蓄与参加新农合回归结果(随机效应 Treatment 模型)

解释变量	模型 7		模型 8		模型 9	
	系数	(t 值)	系数	(t 值)	系数	(t 值)
本户当年是否参加新农合哑变量(参加=1)	−0.148 **	(−2.50)	−0.082 **	(−2.00)	−0.060 **	(−2.73)
户主年龄(周岁)	0.016 *	(1.90)	0.016 *	(1.80)	0.011	(1.01)
户主年龄平方/100	−0.017 *	(1.78)	−0.018 *	(−1.84)	−0.011	(−1.05)
户主性别	0.463	(0.35)	0.593	(0.45)	0.598 **	(2.46)
户主文化程度(在校几年)	0.019 ***	(7.64)	0.026 **	(2.13)	0.009 ***	(3.71)
家庭人口数	−0.098	(−1.15)	−0.135	(−1.21)	−0.052	(−1.08)
家庭成员平均年龄(周岁)	−0.011	(−1.24)	−0.011	(−1.02)	0.002	(0.21)
本户在校学生数量	−0.090 *	(−1.86)	−0.010 *	(−1.93)	−0.107 **	(−2.49)
国家干部职工户=1	0.204	(1.34)	0.086	(0.55)	0.152	(0.70)
乡村干部户=1	0.279	(1.42)	0.217	(1.04)	0.026	(0.11)
党员户=1	0.042	(0.19)	0.103	(0.58)	0.067	(0.47)
收入对数	0.540 *	(1.94)	0.720 *	(1.90)	0.268 **	(1.98)
Sigma	0.880 **	(2.04)	0.887 *	(2.05)	0.808 *	(1.96)
Rho	0.077 *	(1.78)	0.078 *	(1.96)	0.055 **	(2.33)
略去年份哑变量、常数项、解释变量均值向量估计结果						
对数似然	−4017.490		−2366.270		−2170.795	
有效样本数	7076		7076		7076	
被解释变量	储蓄1		储蓄2		储蓄3	

注:*** :1%水平上显著;** :5%水平上显著;* :10%水平上显著;"()"内数字为根据稳健标准误(包含 cluster 校正与 AR1 校正)计算的 t 值。

表 10-4 的随机效应 Treatment 模型估计结果清晰的表明参加新农合对于农户储蓄具有显著的挤出效应,和标准的 IV 设定相比,储蓄 1 的挤出效应增加不少,但储蓄 2 和储蓄 3 则有下降,但是在统计上都依然显著。Sigma 和 Rho 的显著性一定程度上表明式设定的合理性。但是,存在的一个问题在于对数似然值,如果简单套用似然比检验,似乎表 10-3 的设定更好一

些,但是表 10-4 的解释变量不同,不能直接套用似然比检验判断模型设定问题。

虽然表 10-4 的估计结果校正了广义线性联立方程的随机效应估计可能的有偏问题,但 Maddala(1983)的方法似乎更为传统计量经济学所熟悉,并且计量经济学更加偏爱于固定效应模型的一致估计量,而不太愿意接受随机效应模型的有效估计量。对于 Treatment 模型在面板数据下的应用并不成熟,但是有若干文献可供参考,本文基于 Verbeek(1990)和 Verbeek and Nijman(1992)的工作,尝试性地估计固定效应 Treatment 模型,利用 Boot-strap 技术校正渐进标准误,结果在表 10-5 列示。

表 10-5　农户储蓄与参加新农合回归结果(固定效应 Treatment 模型)

解释变量	模型 10		模型 11		模型 12	
	系数	(t 值)	系数	(t 值)	系数	(t 值)
本户当年是否参加新农合哑变量(参加=1)	−0.122 ***	(−2.87)	−0.118 **	(−2.23)	−0.054 ***	(−2.87)
户主年龄(周岁)	0.025 **	(2.54)	0.020 **	(2.16)	0.008 ***	(2.19)
户主年龄平方/100	−0.033 **	(−2.91)	−0.023 **	(−2.13)	−0.010 **	(−2.10)
户主性别	0.230 *	(1.85)	0.195 *	(1.82)	0.052	(0.55)
户主文化程度(在校几年)	0.007	(0.70)	0.006	(−0.04)	0.002	(0.19)
家庭人口数	0.037	(1.44)	0.002	(0.12)	0.018	(0.92)
家庭成员平均年龄(周岁)	0.025	(0.76)	0.026	(1.33)	0.023 *	(1.92)
本户在校学生数量	−0.021 *	(−1.77)	−0.023 **	(−2.28)	−0.024 *	(−1.77)
国家干部职工户=1	−0.038	(−0.29)	−0.155	(−1.19)	−0.133	(−1.18)
乡村干部户=1	0.165	(1.23)	0.073	(0.55)	−0.017	(−0.15)
党员户=1	−0.350 ***	(−4.59)	−0.206 **	(−2.73)	−0.101	(−1.55)
收入对数	1.651 ***	(13.51)	1.658 ***	(13.82)	1.149 ***	(10.69)
Lambda	1.019 ***	(3.35)	0.815 **	(2.73)	0.102 **	(2.36)
略去年份哑变量与常数项估计结果						
对数似然	−6901.452		−6902.688		−6837.115	
有效样本数	7076		7076		7076	
被解释变量	储蓄 1		储蓄 2		储蓄 3	

注:*** :1%水平上显著;** :5%水平上显著;* :10%水平上显著;"()"内数字为根据 Boot-strap 计算(迭代 25 次收敛)的稳健标准误(包含 cluster 校正)计算的 t 值。

表 10-5 的固定效应 Treatment 模型结果和随机效应模型相差不大,挤出效应在三种测度下都依然显著,参加新农合对于储蓄 1/2/3 的挤出效应(精确效应)分别为 13.0%、12.5%、5.5%;利用 Duan,et al.(1983)校正方法计算的挤出平均金额分别为 2,357 元、2,600 元、1,505 元。

三种储蓄测度的 Lambda 在统计上都比较显著,表明选择效应的存在。但是固定效应模型具有最小的对数似然值。

黄学军、吴冲锋(2006)的数值模拟结果显示,社会医疗保险承担 1% 的医疗支出,则挤出的农户人均储蓄约为 39 元;按照本文样本农户 4.26 人的平均家庭规模计算,根据储蓄 1 计算,人均储蓄被挤出 552 元,合作医疗平均共付率大约为 14%。这个共付率好像偏小,但合作医疗往往区分住院与门诊,在门诊实行个人账户的条件下,从全部参合人群来看,非条件均值共付率也相差不大(顾昕、高梦滔、姚洋,2006)。

10.3 第 10 章小结

本文利用中国 8 省的农户微观面板数据,在控制了内生性的前提下,估计了农户参加新农合对于储蓄的影响。经验研究的结果发现:在不同的储蓄测度下,参加新农合对于农户储蓄都有显著的挤出效应。根据流动性最强的储蓄定义(现金加上银行存款),这种挤出效应大约在 12%~15% 左右;每个农户平均的储蓄减少金额大约为 552 元。在不同的模型设定条件下,结果较为稳健。

本文的结论具有重要的现实意义,从持久收入的观点来看当前拉动内需采取的一些措施,例如发放消费券、家电下乡等意义不大,短期内的效果很可能仅仅是跨时替代的作用。长期而言,并不见得能够有效地启动农户消费。而新农合制度的实施,不仅对和谐社会建设、缩小城乡二元差距具有重要意义;而且无论就短期还是长期而言,通过对不确定性因素的管理,还能够有效的拉动农户消费。根据本文的计算结果,按照第 5 次人口普查的乡村人口数 80,739 万人计算,则新农合拉动的农户消费金额大约在 552×

80,739≈4,456 亿元。随着新农合筹资水平的提高,还会进一步有所增加;并且这种效果贯穿于农户整个生命周期过程。

长期来看,拉动内需的措施,不仅仅应该包括基础设施建设、增加就业机会;农村的社会保障制度建设也应该是一项重点工作。按照消费的跨时最优理论,长久的增加消费的措施应该同时包括提高收入预期与减少收入的不确定性。并且,提高农村居民社会保障水平不单单有刺激经济的工具意义,还是贯彻科学发展观的重要体现。

国外的同类研究往往受困于样本选择问题,特别是 Health Care 资格的获取问题;新农合则不限制此类参加条件,因此不存在已有研究的问题;但是本文的研究发现:从健康状况的逆向选择与新农合试点的推进来看,"是否参加新农合"还是存在内生问题的;已有研究注意到的选择问题可能混杂的不仅仅是资格获取一种因素。

从方法上看,本文设定"是否参加新农合"为线性概率模型,从而调用标准的 IV 估计程序未见得合理,仅仅是利用成熟的 IV 检验方法说明工具变量的合理性;广义来说,超越计量经济学传统的广义线性联立方程组是更为一般化的处理;当然,这种处理更多的是基于随机效应模型的框架①。为了获得一致估计量,本文也尝试了固定效应的选择模型,这些方法还缺乏足够的应用,本文的研究也仅仅是试探性的。

---

① 和固定效应设定相比,设为随机效应的主要缺点在于:估计量可能是有偏的,而固定效应模型的估计则总是无偏估计量。但是随机效应估计量消耗的自由度较小,总是有效的。其实,在统计选择上,有效性和无偏性之间总是存在一种此消彼涨的权衡,即便是无偏估计量,但是标准误过大,从统计推断的角度,还不如有偏但有效的估计量提供的信息多。从理论上看,对于"何时适用固定效应?"、"何时适用随机效应?"这一对问题的回答并不存在绝对的标准,仅仅是一种参考:可交换(Exchangeable)的异质性(例如职业)可以考虑随机效应,不可交换(no exchangeable)的异质性(例如性别)考虑固定效应;借助样本主要的目标是推断总体参数,考虑"缩动(Shrinkage)"与"借力(Borrow strength)"的多层次建模思路更是可取的折衷做法。

第 11 章 结语：理解中国农户消费与储蓄的新起点

　　本章对应本报告第 1 章提出的研究之主要内容与 4 个研究目标组织全文的总结和政策含义。课题的研究内容主要是：本课题研究的主要内容是中国农户消费增长缓慢的微观原因，尤其是人口学特征、健康风险和子女教育对消费和储蓄行为的影响。研究侧重于经济计量模型的实证分析。对应于此，具体的目标及其主要发现总结如下。

11.1　对于理论框架的介绍与梳理

　　本文系统介绍了西方消费的持久收入假说和生命周期假说；对于这些假说的推论及其成立的具体条件加以了梳理与说明。特别是对两个假说的重要推论——消费呈现一个鞅过程，其所依赖的 CEQ 系列条件的数学本质与实证意义加以了厘清，获得的理论上的深入理解主要包括：

　　LCH 和 PCH 不适合直接用于宏观数据。从 LCH 和 PIH 建模的基本假设出发，揭示了已有的大量基于宏观数据的消费研究在理论上的脆弱性。因为这个分析框架是基于单个农户的跨时最优选择，而利用宏观平均数据的"代表性消费者"概念，暗含的若干主要假定是与微观理论模型相悖的；则基于这些假定在宏观意义上上理解消费，在理论上是站不住脚的。

　　Keynes 消费模型与 Hall 模型实际是施加了约束的特型。仅仅利用收入来解释消费，同时施加了信贷与储蓄之双重约束约束。很多研究使用的计量框架是跨时最优一阶条件 Euler 方程的特型，包括鞅过程和 Keynes 消费模型。利用特型进行计量固然在操作上更可行一些，但是必须对暗含的约束条件加以检验与说明，国内已有的消费研究成果对这一点注意不够。

　　对于 LCH 和 PIH 的模型拓展是消费理论模型应用的重要环节。第一个方面的拓展：预防性储蓄动机。基本的 LCH 和 PIH 几乎没有考虑对于收入的随机建模过程，将收入施加了某种程度的外生假定，而忽视了收入不确定性产生的预防性储蓄动机。已有的研究已经发现，忽视收入的不确定性是非常脱离实际的，已有的研究已经表明预防性储蓄动机是中国农户高储蓄率的一种重要解释因素。这一点，在数学上表达为必需放松 CEQ 的二次效用函数假定，使得边际效用函数呈现凸性才能够与预防性储蓄相容，这也就是通常此类研究中，函数形式设定为"常相对避险系数"或"常绝对避险系数"形式的一个重要理由所在。第二个方面的拓展：流动性约束。基本的 LCH 和 PIH 暗含了信贷市场完善的假定，即消费者能够通过借贷来进行跨时安排。而中国农户往往难以进入正式的信贷市场获得融资。标准的拓展是将 Euler 方程置入一个挑选最大值的函数中，考虑约束的松弛问题。在现实中可能体现为不同财富分组的跨时平滑消费的可能性产生很大不同，即农户消费行为存在异质性问题。在一定程度上，这两种拓展类似一个问题的两个侧面，但又不完全如此，各有其独立存在的价值。

　　解释农户消费行为需要同时考虑时间与空间维度上的平滑。信贷市场不完善也可能意味着非正式的融资机制成立（例如家庭），尤其在发展中国家的农村地区，家庭、家族、社区之间的民间借贷平滑消费行为是普遍存在的。消费不仅仅是在时间纬度上存在平滑，在空间纬度上也可能存在平滑（消费保险）。这两个纬度上的"消费不跟随收入"现象在研究中国农户消费行为的时候都有其意义。

　　在理论框架上，本课题的贡献不在于基础创新，而在于对微观意义消费理论的深入理解和梳理，使之能够适用于中国农户消费行为的解释。LCH 和 PIH 尽管需要借助于很多不切实际的假定，但是不失为分析的一个理想坐标系，实证研究工作以此为基础，逐步放松假定是本文的主要研究思路。

11.2 验证西方当代消费理论模型是否适用于中国农户

本报告第二部分 4 章都是验证西方当代消费理论模型是否适用于中国农户这一问题,通过经验研究,主要的结论包括:

中国农户消费行为能够很好的用持久收入假说来刻画,但是流动性约束对消费也有重要影响。本文利用中国 8 省农户的微观面板数据,检验了农户消费行为的三个理论假说。对于流动性约束组的农户来说,存在消费的过度敏感现象,而对于非流动约束组而言,则消费行为很好的遵循持久收入假说;这与理论预期一致。

中国农户存在一定程度的消费保险行为,但远不足以化解全部的收入波动。收入越低的人群在面对风险的时候越脆弱。低收入农户约有 40% 的收入波动传递到消费上,而最高收入农户仅有 10% 左右的收入波动没有被化解;低收入农户通过收入平滑与人口变动,总共提高的风险缓解水平在 10% 左右,而高收入人群的收入平滑手段不明显。这个结论说明中国农户在时间和空间上具有跨时最优消费的安排,但是不足以完全平滑消费,消费在一定程度上跟随收入,对于贫困农户来说尤其如此。

中国农户的储蓄行为受到流动性约束和预防性动机的显著影响,二者都显著的提高了农户的储蓄,降低了农户消费水平。通过对于持久收入假说的一个推论——“储蓄等于暂时性收入”的检验,利用非参数滤子直接控制收入随机过程,我们发现流动性约束和预防性动机对于中国农户的高储蓄率具有重要影响。贫困人群没有能力进行收入的完全跨时平滑,而更有可能遵循的是一种“拇指规则”(Thumb Rules)行为:按照固定比例,储蓄收入超过某个基本消费水平的差额部分。

农户的储蓄是计算未来收入的一个较好预测变量。根据持久收入假说的一个理性预期引申意义:储蓄等于未来劳动收入降低的现值这一可检验假说进行检验。结果表明,农户储蓄和农户未来的收入变化呈现显著的反向联系,受到流动性约束越强的农户储蓄对收入变化的预期作用更加明显,流动性越强的资产变化对于未来收入变动的预期作用也更加明显。但在宏观数据上呈现的是二者的正相关关系。撇开理论假定上的不足，即便在计量层面上，使用宏观数据本质上是一种忽视了组内变化的 Between 估计量，产生与微观证据相背离的生态谬误（Ecological Fallacy）问题。

这一部分的研究通过直接对持久收入假说的检验，或者间接对其引申含义的检验；实证的结果表明：当代西方基于跨时最优的消费理论可以用于解释中国农户的消费行为，但流动性约束、预防性储蓄与消费保险也有重要影响。中国农户的高储蓄率可以部分由流动性约束（信贷市场不完全）与预防性储蓄动机得到解释。

11.3 人口学特征、子女教育与健康风险对农户消费与储蓄行为的影响

本报告第三部分 3 章都是前述理论框架研究人口学特征、子女教育与健康风险三个方面对农户消费与储蓄行为的影响；通过经验研究，主要的结论包括：

家庭小型化有利于提高农户的消费增长率。家庭规模对于农户的消费增长率具有显著的负面影响，家庭小型化有利于提高农户的消费增长率；家庭成员平均年龄或户主年龄的变化对于农户消费增长率并无显著影响。家庭女性成员比例的增加对于农户消费增长具有轻微的负向影响。

子女教育支出对农户消费具有一定影响。有在校子女的农户人均消费支出比没有在校子女的农户平均要低 10% 左右，并且在校子女越多，农户人均消费的下降的幅度越大；非义务教育阶段子女教育对农户的负担明显加重，有子女上大学的农户，比其他有在校子女但未在大学的农户人均消费水平还要低 14% 左右；越是贫困的组别，子女教育对于农户消费的影响越是强烈，在收入五等分组的最低组别，1 个在校子女使得其人均消费降低 15% 左右，而在最为富裕的两个组别则对农户消费没有显著影响。但是这些影响是子女教育的期望投资回报率降低，还是流动性约束导致，本文的研

究无法区分。

农户参加新型农村合作医疗对于储蓄都有显著的挤出效应。这个结论是基于直接检验预防性储蓄动机的经验研究结果得来。一方面直接验证了中国农户储蓄中,预防性储蓄动机的存在;另一个方面强调了不确定对于中国农户储蓄行为的影响。而近年来开始的新型农村合作医疗试点提供了检验这两个方面影响的理想素材。

11.4 与经验研究相对应的若干政策含义

各章对各自相应的主题也进行了政策含义的表述,本节主要对这些分散的政策含义进行归纳与提炼,而非简单的重复罗列各章的结论。

本报告的研究经验研究结果的政策含义总结主要集中于两个方面:第一,从长期来看,农村消费政策的取向问题;第二,对短期而言,对于当前拉动内需措施的一些思考。具体包括:

正确的制定农户消费政策,不能仅仅仰仗汇总数据的研究结果。通过本报告对理论框架的梳理和经验研究结论,发现基于汇总数据的农户消费研究成果不仅存在理论上的脆弱性,并且往往在建立模型的时候施加了很多不恰当的约束条件,基于这样的基础得出的结论与政策建议是值得商榷的。本文的经验研究结果也表明,汇总数据产生的"生态谬误"问题,不仅在理论上站不住脚,而且微观基础的经验结论也差别很大。因此,长期来看,对于中国农村消费的政策需要的研究基础应该是严肃的、基于微观数据的经验研究成果为主。

长久的增加消费的措施应该同时考虑提高收入预期与减少收入的不确定性。从持久收入的观点来看当前拉动内需采取的一些措施,例如发放消费券、家电下乡等意义不大,短期内的效果很可能仅仅是跨时替代的作用。长期而言,并不见得能够有效地启动农户消费。长期来看,拉动内需的措施,不仅仅应该包括基础设施建设、增加就业机会;农村的社会保障制度建设也应该是一项重点工作。长久的增加消费的措施应该同时考虑提高收入预期与减少收入的不确定性。并且，对于未来不确定性提供有效的保险机制，不仅仅具有效率意义，而且也是公平的体现，因为贫困农户受到的流动性约束最强，资产相对又最少。逐步消除城乡二元结构，改善教育与医疗卫生服务的可及性，也是科学发展观的具体体现。

我国农户的消费正由温饱阶段向追求消费质量多样化阶段转变。拉动农户消费的关键项目主要应该集中在"住房"、"用品"、"旅游"、"交通通讯"、"衣着"这些方面；加之农村家庭呈现小型化趋势，在建材、房屋用品等方面应该向农村供应质优价廉，有信誉的商品；加大农村基础设施建设，促进家用电器的消费与升级换代，降低农村的通讯费用，促进农户的通讯工具、网络计算机普及，加快城乡一体化进程。

本报告用很大的篇幅介绍方法，这也是迫不得已。原因在于：其一，报告的理论模型很大程度上依赖于动态最优化问题，解析解比较难以获得，只能借助计算机程序进行数值模拟求解的轨道。在这个方面，格点搜索方法几乎是必须的。而这些应用技术上有难度；其二，本文的数据是国内研究跨时消费的最好的数据之一，但是很多理论概念的操作化定义并没有公认的标准，测量误差普遍存在。并且在某些技术上，计量经济学工具还落后于实际的需要，包括动态面板数据，选择模型的面板数据方法等；有一些则是比较新的方法，还不为国内研究者熟知，包括混合模型、Hierachy 模型和多项式逼近任意函数等等。

从关注的问题来说，很多重要问题本课题没有直接涉及，例如：老龄化对消费和储蓄的影响、收入平滑与消费平滑的关系、过度敏感性、微观建模与宏观建模的连接问题等。

正如本报告开篇所述，对于农户消费的理解，国内研究缺失的环节太多，本课题在补充这些环节上做了一些工作。在本报告各章的小结中，我们几乎都提出了不足与未来研究的方向：包括加深理论的理解，争取创新、改善数据的质量，减少测量误差、追踪更为合适的计量方法，改善估计。

在这些意义上，本报告仅仅是理解中国农户消费与储蓄的新起点，希望对于城市居民的消费研究也是如此。

参考文献

1. Alderman, H. , and Paxson, C. , "Do the Poor Insure? A Synthesis of the Literature on Risk and Consumption in Developing Countries", 1992, Policy Research Working Paper Series, The World Bank Washington D. C.

2. Arellano, M. , and Bond, S. , "Some Tests of Specification for Panel Data: Monte Carlo Evidence and An Application to Employment Equation", *The Review of Economic Studies*, 1991, Vol. 58 pp. 277—297.

3. Arellano, M. , and Bover. , O. , " Another look at the instrumental variable estimation of error-components models", *Journal of Econometrics*, 1995, Vol. 68 pp. 29—51.

4. Baltagi, B. H. , and P. X. Wu, "Unequally space panel data regressions with AR(1) disturbances", *Econometric Theory*, 1999, Vol. 15 pp. 814—823.

5. Banerjee, A. , "Panel Data Unit Roots and Cointegration: An Overview", *Oxford Bulletin of Economics and Statistics*, 1999, (Special Issue), pp. 607—629.

6. Banks, J. , and Blundell, R. , "Quadratic Engel Curves And Consumer Demand", *The Review of Economics and Statistics*, 1997, Vol. 79(4), pp. 527—539

7. Barten, A. P. , "Maximum likelihood estimation of a complete system of demand equations", *European Economic Review*, 1969, Vol. 1(1), pp. 7—

73.

8. Baxter, M. , and King, R. G. , "Measuring Business Cycles: Approximate Band-Pass Filters for Economic Time Series", *Review of Economics and Statistics* ,1999, Vol. 81(4), pp. 575 — 593.

9. Besley, T. , "Savings, credit and insurance", in *Handbook of Development Economics*, edited by Behrman, J. R. and Srinivasan, T. N. , Vol. 3, pp. 2123 — 2207,1995, North-Holland Elsevier, Amsterdam.

10. Bhargava, A. , et al. , "Serial correlation and the fixed effects model", *Review of Economic Studies* ,1982, Vol. 49 pp. 533 — 549.

11. Blundell,R. , and Bond, S. , "Initial conditions and moment restrictions in dynamic panel-data models", *Journal of Econometrics* ,1998,Vol. 87 pp. 115 — 143.

12. Blundell, R. , and Bond, S. , "Initial Conditions and Moment Restrictions in Dynamic Panel Data Models", *ournal of Econometrics* ,1998, Vol. 87 pp. 115 — 143.

13. Browning, M. , and Lusardi, A. , "Household Saving: Micro Theories and Micro Facts", *Journal of Economic Literature* ,1996, Vol. 34(4), pp. 1797 — 1855.

14. Campbell, J. Y. , "Does Saving Anticipate Declining Labor Income? An Alternative Test of the Permanent Income Hypothesis", *Econometrica* , 1987, Vol. 55(6), pp. 1249 — 1273

15. Campbell, J. Y. , and Deaton, A. , "Why Is Consumption So Smooth", *Review of Economic Studies* ,1989, Vol. 56(3), pp. 357 — 373.

16. Carroll, C. , "A Theory of the Consumption Function, with and without Liquidity Constraints", *Journal of Economic Perspectives* ,2001, Vol. 15 (3), pp. 23 — 45.

17. Carroll, C. , "Buffer-Stock Saving and the Life Cycle/Permanent Income Hypothesis", *The Quarterly Journal of Economics* ,1997, Vol. 112(1),

pp. 1—55.

18. Chou, S. -Y. , et al. , "National health insurance and precautionary saving: Evidence from Taiwan", *Journal of Public Economics*, 2003, (9), pp. 1837—1894.

19. Christiano, L. J. , and Fitzgerald, T. J. ,"The Band Pass Filter", *International Economic Review*, 2003, Vol. 44(2), pp. 435—465.

20. Cowell, F. A. ,"Measurement of inequality", *in Handbook of Income Distribution*, edited by Atkinson, A. B. and F. Bourguignon, F. , Vol. 1, pp. 59—85, 2000, Elsevier Science, Amsterdam.

21. Davidson, J. E. H. , and Hendry, D. F. , 1981, "Interpreting econometric evidence: consumers' expenditures", *European Economic Review*, Vol. 16, pp. 177—192.

22. Deaton, A. S. , "Saving and liquidity constraints", *Econometrica*, 1991, Vol. 59 pp. 1221—1248.

23. Deaton, A. S. , and Muellbauer, J. , *Economics and consumer behavior*, 1980, Cambridge University Press, New York.

24. Deaton, A. ,"Household Saving in LDCs: Credit Markets, Insurance and Welfare", *Scandinavian Journal of Economics*, 1992a, Vol. 94 (2), pp. 253—273.

25. Deaton, A. , and Paxson, C. , "Intertemporal Choice and Inequality", *Journal of Political Economy*, 1994, Vol. 102(3), pp. 437—467.

26. Deaton, A. , et al. , "The influence of household composition on household expenditure patterns: Theory and Spanish evidence", *Journal of Political Economy*, 1989, Vol. 97 pp. 179—200.

27. Deaton, A. , *The analysis of household surveys : a microeconometric approach to development policy*, 1997, Published for the World Bank[by] Johns Hopkins University Press, Baltimore, MD.

28. Deaton, A. , *Understanding Consumption*, 1992, Clarendon Press, Ox-

ford.

29. Dreze, J. , and Sen, A. , *Hunger and public action*, 1989, Oxford University Press, Oxford.

30. Duan. N, et al. , "A comparison of alternative models for the demand for medical care", *Journal of Business and Economic Statistics*, 1983, Vol. 1 (2), pp. 115—126.

31. Dusenberry, J. , 1949, *Income , saving , and the theory of consumer behavior*, Cambridge University Press, Cambridge.

32. Dynan, K. E. , "How Prudent are Consumers", *Journal of Political Economy*, 1993, Vol. 101 pp. 1104—1113.

33. Eguia, B. , and Echevarria, C. , "Population age structure and private consumption in Spain ", *International Economic Journal*, 2004, Vol. 18(3), pp. 299—319.

34. Flavin, M. , "The adjustment of consumption to changing expectations about future income", *Journal of Political Economy*, 1981, Vol. 89 pp. 974 —1009.

35. Flavin, M. , "The excess smoothing of consumption: identification and interpretation", Mimeo thesis, 1990, University of Virginia.

36. Friedman, M. , *A theory of the consumption functions*, 1957, Princeton University Press, Princeton.

37. Gersovitz, M. , "Saving and development", in *Handbook of Development Economics*, edited by Chenery, H. and Srinivasan, N. , Vol. 1, pp. 381— 424, 1988, North-Holland Elsevier, Amsterdam.

38. Golub, G. H. , and Loan, C. F. V. , *Matrix Computations*, 3rd ed. , 1996, Johns Hopkins University Press, Baltimore.

39. Gruber, J. , and Yelowitz, A. , "Public Health Insurance and Private Savings", *Journal of Political Economy*, 1999, Vol. 107(6), pp. 1249 — 1274.

40. Hall, R. E. , "Stochastic implications of the life cycle-permanent income hypothesis: theory and evidence", *Journal of Political Economy*, 1978, Vol. 86 pp. 971—987.

41. Hall, R. E. , and Mishkin, F. S. , "The sensitivity of consumption to transitory income: estimates from panel data on households", *Econometrica*, 1982, Vol. 50 pp. 461—481.

42. Hall, R. E. , and Mishkin, F. S. , 1982, "The sensitivity of consumption to transitory income: estimates from panel data on households", *Econometrica*, Vol. 50, pp. 461—481.

43. Hansen, L. P. , et al. , "Finite Sample Properties of Some Alternative GMM Estimators", *Journal of Business and Economic Statistics*, 1996, Vol. 14(3), pp. 262—280.

44. Hayashi, F. , "The effect of liquidity constraints on consumption: a cross-sectional analysis", *Quarterly Journal of Economics*, 1985, Vol. 100 pp. 183—206.

45. Hayashi, F. , "The permanent income hypothesis: estimation and testing by instrumental variables", *Journal of Political Economy*, 1982, Vol. 90 pp. 895—916.

50. Hayashi, F. , Econometrics, 2000, Princeton University Press, Princeton.

51. Hodrick, R. , and Prescott, E. , "Post-war U. S. business cycles: An empirical investigation", *Journal of Money, Credit and Banking*, 1997, Vol. 29 (1), pp. 1—16.

52. Jalan, J. , and Ravallion, M. , "Are the Poor less well insured? Evidence on vulnerability to income risks in rural China", *Journal of Development Economics*, 1999, Vol. 58 pp. 61—81.

53. Kimball, M. S. , "Precautionary Saving in the Small and in the Large", *Econometrica*, 1990, Vol. 58(1), pp. 53—73.

54. Kotlikoff, L. , "Health Expenditures and Precautionary Savings", 1986,

NBER Working Papers, No. 2008, National Bureau of Economic Research, Massachusetts Cambridge.

55. Kyung So Im, M. , et al. , "Testing for Unit Roots in Heterogeneous Panels", *Journal of Econometrics*, 2003, Vol. 115 pp. 53—74.

56. Lanjouw, P. , and Ravallion, M. , "Poverty and Household Size", *Economic Journal*, 1995, Vol. 105(433), pp. 1415—1434.

57. Lerman, R. , and Yitzhaki, S. , "Income Inequality Effects by Income Source: A New Approach and Applications to the United States", *Review of Economics and Statistics*, 1985, Vol. 67(1), pp. 151—156.

58. Lluch, C. , and Williams, R. , "Consumer Demand Systems and Aggregate Consumption in the USA: An Application of the Extended Linear Expenditure System", *The Canadian Journal of Economics*, 1975, Vol. 8 pp. 49—66.

59. Lusardi, A. , "Permanent income, consumption, and precautionary saving: an empirical investigation", 1992, Princeton University.

60. Maddala, G. S. , and Wu, S. , "A Comparative Study of Unit Root Tests With Panel Data and A New Simple Test", *Oxford Bulletin of Economics and Statistics*, 1999, Vol. 61 pp. 631—652.

61. Maddala, G. S. , Limited Dependent and Qualitative Variables in Econometrics, 1983, Cambridge University Press, Cambridge.

62. McCulloch, C. E. , and Searle, S. R. , *Generalized, Linear, and Mixed Models* 2001, Wiley, New York.

63. Modigliani, F. , "The Role of Intergenerational Transfers and Life Cycle Saving in the Accumulation of Wealth", *Journal of Economic Perspectives*, 1988, Vol. 2(2), pp. 15—40.

64. Morduch, J. , "Income smoothing and consumption smoothing", *Journal of Economic Perspectives*, 1995, Vol. 9(3), pp. 103—114.

65. Newbery, D. , and Stiglitz, J. , *The theory of commodity price stabiliza-*

tion,1981, Oxford University Press, Oxford.

66. Paxson, C. H., "Using Weather Variability to Estimate the Response of Saving to Transitory income in Thailand", *American Economic Review*, 1992, Vol. 82 pp. 15—33.

67. Pollock, D. S. G., "Trend estimation and de-trending via rational square-wave filters", *Journal of Econometrics*,2000, Vol. 99 pp. 317—334.

68. Pyatt, G., "On the Interpretation and Disaggregation of Gini Coefficients", *The Economic Journal*,1976, Vol. 86 pp. 243—255.

69. Raudenbush, S. W., and Bryk, A. S., *Hierarchical Linear Models: Applications and Data Analysis Methods*,2nd ed.,2002, Sage, Thousand Oaks.

70. Ravallion, M., and S. Chaudhuri, "Tests of risk-sharing in three Indian villages", *Econometrica*,1997, Vol. 65(1), pp. 171—184.

71. Rosenzweig, M. R., "Risk, Implicit Contracts and the Family in Rural Areas of Low-income Countries", *Economic Journal*, 1988, Vol. 98 pp. 1148—1170.

72. Sarno, L., and Taylor, M. P., "Real exchange rates under the current float: unequivocal evidence of mean reversion", *Economics Letters*,1998, Vol. 60 pp. 131—137.

73. Shea, J., "Union Contracts and the Life-Cycle/Permanent-Income Hypothesis", *American Economic Review*,1995, Vol. 85(1), pp. 186—200.

74. Skrondal, A., and Rabe-Hesketh, S.,*Generalized Latent Variable Modeling: Multilevel, Longitudinal, and Structural Equation Models*,2004, FL:Chapman & Hall/CRC, Boca Raton.

75. Stark, O., et al., "Remittances and Inequality", *The Economic Journal*, 1986, Vol. 96 pp. 722—740.

76. Starr-McClure, M., "Health Insurance and Precautionary Savings", *American Economic Review*,1996, Vol. 86(1), pp. 285—295.

77. Stone，R.，"Linear Expenditure Systems and Demand Analysis：An Application to the Pattern of British Demand"，*The Economic Journal*，1954，Vol. 64 pp. 511—527.

78. Townsend，R.，"Consumption Insurance：an Evaluation of Risk - bearing systems in low - income Economies"，*Journal of Economic Perspectives*，1995，Vol. 9，pp. 83—102.

79. Townsend，R.，"Risk and Insurance in Village India"，*Econometrica*，1994，Vol. 62(3)，pp. 539—592.

80. Verbeek，M.，"On the estimation of a fixed effects model with selectivity bias"，*Economics Letters*，1990，Vol. 34 pp. 267—270.

81. Verbeek，M.，and Nijman，T.，"Testing for selectivity bias in panel data models"，*International Economic Review*，1992，Vol. 33 (3)，pp. 681—703.

82. Wooldridge，J. M.，*Econometric analysis of cross section and panel data*，2002，MIT Press，Cambridge，Mass.

83. World Bank，*World Development Report* 2000：*Attacking Poverty*，2001，The World Bank，Washington，D. C.

84. World Bank，*World Development Report* 2006：*Equity and Developement*，2005，The World Bank，Washington，D. C.

85. Zabel，J.，"Estimating fixed and random effects model with selectivity"，*Economics Letters*，1992，Vol. 40 pp. 269—272.

86. Zeldes，S.，"Consumption and Liquidity Constraints：An Empirical Investigation"，*Journal of Political Economy*，1989a，Vol. 97(2)，pp. 305—346.

87. Zeldes，S.，"Optimal Consumption with Stochastic Income：Deviations from Certainty Equivalence"，*The Quarterly Journal of Economics*，1989b，Vol. 104(2)，pp. 275—298.

88. 曹和平：《中国农户储蓄行为研究》，北京大学出版社 2002 年版。

89. 陈烨:《"因教致贫"现象及其根治对策》,《中州学刊》2005 年第 4 期。

90. 甘犁、徐立新、姚洋:《村庄治理、融资和消费保险:来自 8 省 49 村的经验证据》,《中国农村观察》2007 年第 2 期。

91. 顾昕、高梦滔、姚洋:《诊断与处方:直面中国医疗体制改革》,,社会科学文献出版社 2006 年版。

92. 杭斌、申春兰:《预防性储蓄动机对居民消费及利率政策效果的影响》,《数量经济技术经济研究》2002 年第 12 期。

93. 杭斌、申春兰:《中国农户预防性储蓄行为的实证研究》,《中国农村经济》2005 年第 3 期。

94. 贺菊煌:《消费函数分析》,社会科学文献出版社 2000 年版。

95. 黄学军、吴冲锋:《社会医疗保险对预防性储蓄的挤出效应研究》,《世界经济》2006 年第 8 期。

96. 黄毓哲:《十年来中国农村居民消费结构的变迁》,《中国统计》2006 年第 9 期。

97. 李东升:《我国农村居民消费结构的变迁》,《统计与决策》2003 年第 7 期。

98. 李放、刘娟:《农村因教致贫现象的政府责任探究》,《高等农业教育》2007 年第 12 期。

99. 李锐:《我国农村居民消费结构的数量分析》,《中国农村经济》2003 年第 5 期。

100. 连建辉:《改革 20 年来我国农村居民消费行为分析》,《福建师范大学学报(哲学社会科学版)》2000 年第 1 期。

101. 刘明翠:《农村"因教致贫"的经济视角探析》,《宜春学院学报》2008 年第 3 期。

102. 龙志和、周浩明:《中国城镇居民预防性储蓄实证研究》,《经济研究》2000 年第 11 期。

103. 罗楚亮:《预防性动机与消费风险分散——农村居民消费行为的经验分析》,《中国农村经济》2006 年第 4 期。

104.孟昕、黄少卿：《中国城市的失业、消费平滑和预防性储蓄》，《经济社会体制比较》2001 年第 6 期。

105.秦海林：《农户消费结构的户间差异与农户收入分配》，《财经科学》2006 年第 11 期。

106.施建淮、朱信婷：《中国城市居民预防性储蓄及预防性动机强度：1999—2003》，Working Paper，北京大学中国经济研究中心 2004 年版。

107.世界银行：《从贫困地区到贫困人群：中国扶贫议程的演进》，载东亚及太平洋地区扶贫与经济管理局主编：《中国贫困和不平等问题评估》，网址：http://www.worldbank.org.cn/china，2009。

108.孙凤：《消费者行为数量研究》，上海三联书店 2002 年版。

109.孙凤：《预防性储蓄理论与中国居民消费行为》，《南开经济研究》2001 年第 1 期。

110.孙凤：《消费者行为数量研究》，上海三联书店 2002 年版。

111.田岗：《我国农村居民高储蓄行为的实证分析——一个包含流动性约束的预防性储蓄模型及检验》，《南开经济研究》2004 年第 4 期。

112.万广华、史清华、汤树梅：《转型经济中农户储蓄行为：中国农村的实证研究》，《经济研究》2003 年第 5 期。

113.王成新、王格芳：《我国农村新的致贫因素与根治对策》，《农业现代化研究》2003 年第 5 期。

114.韦志明：《农村"因教致贫"现象的反思》，《安徽农业科学》2007 年第 25 期。

115.余世华：《"因教致贫"原因探析》，《教育与经济》2006 年第 1 期。

116.张国强：《因教致贫的社会学分析》，《高等教育研究》2007 年第 2 期。

117.张焕明：《我国农村居民消费水平地区性差异的实证分析》，《经济科学》2002 年第 5 期。

118.中华人民共和国国家发展与改革委员会：《上半年就业、收入分配和社会保障形势分析及建议》2007 年打印稿。

119. 周建:《中国农村居民预防性储蓄行为分析》,《统计研究》2005 年第 9
期。

120. 朱春燕、臧旭恒:《预防性储蓄理论——储蓄(消费)函数的新进展》,
《经济研究》2001 第 1 期。

121. 朱信凯、雷海章:《改革以来我国农村居民消费行为的实证研究》,《南
方经济》2000 年第 11 期。